发展型国家及其未来可能性研究

THE RESEARCH ON THE DEVELOPMENTAL STATE AND ITS POSSIBILITY OF FUTURE

石德金　著

人民出版社

目　录

导　论

继启蒙运动以来，现代性主宰着现代社会的灵魂，它代表着人类历史空前伟大的变革逻辑，以各种理性方案为指导的“进步”和“发展”概念也成为推动人类历史发展的车轮。现代性这一由启蒙思想家独具匠心构造的哲理概念，试图为人类社会设想一幅美好的蓝图。反观资本主义发展的历史，现代性与进步理念、发展观念只不过是新生资本主义迈步前行的尖刀利刃。它满腔激情，气势如虹，一扫中世纪蒙昧和封建传统的僵滞。从诞生起，现代性就不断向世界发布变革信息，许诺理性解决方案，发誓要把人类带入一个自由境界。现代性和“进步”、“发展”概念确实为人类社会带来了前所未有的巨变。正如马克思、恩格斯在《共产党宣言》中指出的：“资产阶级在它的不到一百年的阶级统治中所创造的生产力，比过去一切世代创造的全部生产力还要多，还要大。”①然而，在“进步”和“发展”这一冠冕堂皇的措辞下，人类社会并非由此变成了人间天国，相反，伴随着市场扩张、经济增长的却是铜臭与血腥；所谓的“发展”成果也并非由全人类同享，所谓的经济自由和政治自由也未能消除民族与民族之间、人与人之间的不平等地位，相反，它似乎加剧了这种不平等。由此，在赞美这种现代性和“进步”、“发展”概念的同时，马克思又进一步指出，“它迫使一切民族——如果它们不想灭亡的话——采用资产阶级的生产方式；它迫使它们在自己那里推行所谓的文明，即变成资产者。一

① 《马克思恩格斯文集》第2卷，人民出版社2009年版，第36页。

句话,它按照自己的面貌为自己创造出一个世界……正像它使农村从属于城市一样,它使未开化和半开化的国家从属于文明的国家,使农民的民族从属于资产阶级的民族,使东方从属于西方”①。而更具讽刺意味的是,当前的世界性金融危机恰恰源于这些自称掌握现代领先技术、管理方式的西方资本主义自由市场。对发展及其模式的反思刻不容缓。

在哲学上,包括“进步”和“发展”概念的现代理性概念,从尼采开始就遭到了猛烈的抨击。尼采尽管以怀疑目光,悲剧式地看待世界,但他开辟了后现代性以对抗启蒙理性。从此,告别启蒙、拒斥理性成为诸多后现代主义者高举的旗帜。然而,不管是拉康、福柯的怀疑论,他们利用人类学、心理学和史学方法,谴责权力意志,驳斥主体化理性,还是海德格尔、德里达的形而上学批判,他们重返西方哲学源头,从苏格拉底开始重新翻检形而上学的基本谬误,他们理论的批判并未成为武器的批判,哲学的解释也未能改造世界。在现实世界,不管是主流思想理论家,还是主要国家政策制定者,现代性的“进步”和“发展”理念成为他们思考和制定政策的主导思想;不管是现代化理论,还是其他与社会形态相关的理论,它们都热衷于这种线性的、蓝图规划式的、普适的理性发展方案。在这种“进步”、“发展”思想的主导下,各种发展理论应运而生,而这些发展理论最为突出地表现在政治经济学领域,它们在不同的历史时期、在不同的国度有着不同的历史地位和现实效应。同时,不管何时何地,诸多发展理论自身都试图证明自身的真理性和普适性,从而把其他发展理论贬斥为是误导性的。由此,在过去的两个世纪,在理论和实践中,重商主义、重农主义、斯密古典经济学派、马克思主义、凯恩斯主义、新自由主义、制度主义等理论学派之间,都围绕着国家干预、经济自由等问题展开着激烈的争论,它们旨在为各国发展寻找一种更合理的方式。

---

① 《马克思恩格斯文集》第2卷,人民出版社2009年版,第35—36页。

一、路在何方：新时代发展之问

在现实中，发展的真实景象总是不如人意，贫困、不平等和后发展等问题一直困扰着理论家，2008年发端于美国的世界性经济危机以及2020年爆发的新冠疫情乃至2022年的区域危机，更是使得发展的价值问题、后发展问题和发展的不确定性问题进一步凸显出来。在这种背景下，重新思考发展模式，特别是重新探讨后发展国家的发展之路，无疑具有重要的理论和现实意义。

（一）失信的承诺：发展价值问题的凸显

自从进入文明时代，人类就一直在探寻人生命的意义，并追求人最大程度的幸福。追求发展仅仅是追求人类幸福的一种手段，而不是目的本身。即使是在斯密和穆勒那里，资本主义也不只是为了经济的发展，而是把经济发展与人类福祉联系起来的。斯密在私利和共同利益之间一直保持着一种张力，只不过他试图通过"看不见的手"来达到这种共同利益——人类的福祉。而所有人的幸福更是穆勒功利主义的理想。他认为："符合私利的眼前利益远远没有与有益结合为一体，它有某种有害的结果。""只要存在对他本人或对社会是'高尚的'利益，有道德的人是不会同意按照是否符合私利去塑造其行为的。"①甚或在为资本主义合法性进行论证的马克斯·韦伯那里，他也把经济发展与人的价值联系起来。然而，资本主义发展的历史进程表明，工业经济和商业经济的发展并未能够实现资本主义发展的承诺，并未真正促进了人类的福祉。"教育普及了，但并未伴之以伦理教育；信息更多了，但肯定不是更好了；而且当社会阶级之间的裂痕缩小时，穆勒的道德原理就丧失了它的含意，丧失了它的实践意义"②，美德并不变得更具"吸引力"；相反，致富已成为目

① ［法］弗朗索瓦·佩鲁：《新发展观》，张宁、丰子义译，华夏出版社1987年版，第96页。
② ［法］弗朗索瓦·佩鲁：《新发展观》，张宁、丰子义译，华夏出版社1987年版，第97页。

的本身。更为糟糕的是,致富不但没有切实解决贫困、不平等和人类生存环境的破坏与后发展等问题,实现人类的福祉,反而在某种程度加剧凸显了这些问题。特别是,在全球经济危机的背景下,失业率和贫困率进一步攀升。美国劳工部 2009 年 3 月 6 日公布的数据显示,美国 2 月失业率达 8. 1%,创 1983 年 12 月以来失业率最高纪录。更为严重的是,失业率持续下滑是经济衰退重要标志,经济衰退又势必致使更多就业岗位"蒸发",从而形成恶性循环。据此,当时有分析指出,美国年失业率将会达到 9. 4%,至少在 2011 年仍会上升,危及美国长期的增长潜力。据《瑞典日报》2008 年 10 月 17 日报道,金融危机更是给第三世界国家带来沉重打击。全球贫困人口再次增加,4400 万人受到饥饿威胁且人数在增加,第三世界国家的经济增长率下降,吸收投资迅速减少。受新冠疫情的影响,根据拉美经委会数据,2020 年拉丁美洲和加勒比地区经济收缩 6. 8%,其中加勒比地区经济收缩 7. 7%。从国别来看,除圭亚那 GDP 增长 43. 5%外,其余国家经济均收缩。委内瑞拉 GDP 增长率下降 30%,是整个地区经济收缩最为严重的国家,秘鲁、巴拿马、阿根廷等国经济也受到不同程度的冲击,2020 年 GDP 增长率分别下降 11. 1%、17. 9%和 9. 9%,整体的拉美地区失业率、贫困率和赤贫率与 2019 年相比较均有显著增加,地区不平等程度加深。① 重新反思经济发展的价值维度成为当今世界共同关注的根本性问题。

1. 经济发展与贫困、不平等

发展就是改善人民生活的事业。提高生活水平、改善教育、医疗卫生和提高机会的平等性都是经济发展的重要组成部分。确保政治权利和公民权利,确保社会的公平和正义则更应是更深层次的发展目标。② 可以说,如果不考虑那些妄想摆脱精神"圣物"和物质束缚而试图把虚无主义灌输至全人类的

① 参见洪朝伟、张勇:《拉美经济面临的挑战》,《现代国际关系》2021 年第 11 期。数据引自 Estudio Económico de América Latina y el Caribe:Dinámica laboral y políticas de empleo para una recuperación sostenible e inclusiva más alládе la crisis del COVID-19,CEPAL,Agosto 2021,p.237。

② 参见世界银行:《1992 年世界发展报告》,中国财政经济出版社 1992 年版,第 34 页。

虚无主义者和极端的后现代主义者，对公平的关注跨越了哲学、宗教和文化传统的界限，成为人类共同追求的价值“圣物”。经济的增长确实是发展的一个重要指标，也是其他各种发展目标得以实现的物质基础；然而，就现实而言，全球经济快速增长的同时，发展的社会目标和公平目标并没有得到同等程度的进步，恰恰相反，伴随增长而来的某些方面变得更加糟糕。

在全球贫困方面，贫困率本来就高，从世界银行给出的数据来看，过去30多年里世界各地的贫困发生率都有不同程度的下降。东亚和太平洋地区贫困发生率的下降尤其明显，从1981年的80.65%大幅下降到了2015年的2.32%。南亚地区的贫困发生率则从1981年的55.61%下降到了2015年的12.63%，降幅也非常明显。撒哈拉以南的非洲地区的贫困发生率虽然有所下降，但依然超过了40%，该地区的反贫困任务仍然非常艰巨。① 所以，贫困问题仍然是发展的一个严峻挑战。

在公平方面，存在着国家内部和国家之间两个层面上的不平等。国家内部的不平等包括多个方面：一部分是由先天因素（种族、出生地区、父母的教育程度和出生时父母的职业）影响的不平等，另一个是其他决定因素造成的不平等。先天性因素所决定的不仅仅是未来的收入。教育和健康都具有内在价值，并影响个体参与经济、社会和政治生活的能力。几乎在所有地区的人口中，儿童面对的学习机会和过上健康生活的机会均存在巨大的差别，主要取决于资产拥有量、地理位置或父母教育程度这些他们无法自己决定的前提。在教育方面存在巨大的不平等，由贫困、所属地理位置、性别和种族引起的排他性问题根深蒂固，难以消除。据估计，2014年约有6100万名小学学龄儿童和2.02亿名初中学龄的少年游离在学校之外，其中极大一部分失学儿童和青少年来自贫困家庭。在低收入国家中，只有四分之一的最贫穷家庭的儿童完成了小学教育；相比之下，完成小学教育的最富裕家庭的儿童达到了四分之三。

---

① 参见国务院发展研究中心课题组：《百年大变局　国际经济格局新变化》，中国发展出版社2018年版，第403页。

在将性别因素纳入分析时这些差距甚至会更大，性别和贫穷的双重排斥意味着在低收入国家中，最贫穷家庭的女孩能完成小学教育的比率只有25%。2011年，罗马尼亚完成初中教育的罗姆人成年人口的比例仅为10%，相比之下，生活在毗邻地区的非罗姆人完成初中教育的成年人比例是58%。在拉丁美洲，土著居民的儿童早早参与工作的可能性是其他儿童的2倍还多。① 由此，这种不平等不仅是一种经济社会问题，更是一种文化和制度的综合问题。

在全球层面，尽管在人类寿命、教育和收入差异方面发生了较为积极的变化，但是穷国和富国之间仍然存在着巨大的不平等。首先是生命本身的机会。2018年，一名在发展中国家出生的儿童的预期寿命是52岁，而像在韩国这样的富裕国家，2018年出生的女孩的寿命可能超过85岁。将近四分之一的五岁以下儿童遭遇营养不良问题的困扰。在许多地方，贫穷儿童早在6个月的时候就出现了工作记忆和执行功能滞后的问题。在全球范围内，未能入学读书的儿童和青少年的数量超过了2.6亿。与此同时，在发展中国家中，将近60%的小学生未能达到最低学习水平要求。②

严重的不公平不仅有悖道德伦理的核心理念和政治哲学权利教条，而且严重影响着宏观经济的发展和制度的发展。第一，权力和财富的不平等通常会转化为机会的不平等，而这会导致生产潜力遭到浪费（比如消费力），最终会导致资源配置丧失效率。第二，不平等容易进一步催生不平等的经济政治制度。在不平等的社会当中，在社会制度问题上就会出现社会冲突，掌握社会资源的人通常也是掌握权力的人，他们会倾向于采用对自己更有利而对穷人更不利的经济政治制度，并在这种恶性循环中将这种不平等制度永久化。而这些不平等制度的永久化也不利于长期持续发展所依赖的投资和创新。

2. 经济发展与环境

坚信人的理性，尤其是技术理性对自然改造的能力，是现代性的核心观

① 参见世界银行：《2018年世界发展报告》，清华大学出版社2018年版，第74—75页。

② 参见世界银行：《2019年世界发展报告》，清华大学出版社2019年版，第46页。

念。经济发展主义就是这种理性在现代社会实践中最为突出的表现。这种观念的持有者认为，人类可以通过发展经济，征服自然，最终实现人类的福祉。然而，片面的经济发展主义却是以沉重的环境破坏和资源消耗为代价的。这种代价如此沉重以至于它不断向人类进行报复，最终不但阻碍经济的发展，而且危害着人类的生存环境。

首先，空气遭到了污染。就地方而言，在发展中国家数以百计的城市中，空气污染已达到有害健康的程度；就全球而言，由于过分依赖矿物来获取能源，生物圈吸收二氧化碳而维持地球气温稳定的能力遭到了破坏。其次，淡水资源日益变得稀缺。根据《2020 年全球水资源发展报告》显示，2030 年，预计全球 40%的地区将面临水资源短缺。并且，地下水枯竭的速度在 1960 年到 2000 年之间翻了一倍。根据调查数据来看，工业、能源（包含热电和核电厂冷却）消耗了全球 19%的淡水资源。预计到 2050 年，工业和能源部分在全球用水需求中的份额将增长到 24%。目前，超过 80%的废水未经处理就排放到环境中，未经处理的废水是温室气体的重要来源。①

严重的环境破坏不仅对传统产业的发展模式提出了挑战，而且严重危害着人类健康。此外，受制于这种破坏的人可能并不是受益于发展成果的人。例如，他们可能是现在的穷人，或可能是继承了遭到破坏的环境的未来几代人。这意味着，这并不单纯是一种人与自然的关系问题，它更是一种人与人之间的价值关系问题。由此，有必要评估环境破坏对人类福祉所造成的影响，尤其是对穷人所带来的影响，重新审视经济发展与自然环境的关系。

3. 人的代价及其拯救

不发达的代价是高昂的，疾病、饥荒、战争暴力等现象不只存在几年，而是持续了数个世纪。诚然，经济的发展是改善人类状况的必要物质条件，然而，

① United Nations Educational, Scientific and Cultural Organization (2020), The United Nations World Water Development Report 2020 WATER AND CLIMATE CHANGE, Available: https://unesdoc.unesco.org/ark:/48223/pf0000372985/PDF/372985eng.pdf.multi. (March 22th, 2020)

我们却不得不面对这样的悖论:经济的发展在很多时候却以压制人和社会为代价。正如W. 迈克尔·贝利在对查尔斯·K.威尔伯《不发达所付出的人的代价》一文所作的评论中指出的:看来,最具讽刺意味的是:人们为了(要摆脱匮乏和贫困而)取得自由,就必须成为某种政治和经济机器的奴隶;这种机器,可以生产出大量产品,可是会夺走精神自由和人类真正自由选择的可能性。在某种意义上说,“你的文章是顶不道德的。因为它如此清楚地描绘了罪恶的必要性,而且指明了这么多人振振有词地去做坏事的真正动机,说明许多人这样做仅仅是为了取乐,仅仅是为了能制造可怕的权力机器而产生的恐怖之美。虚假的神灵在到处呼唤着,但只有很少人在幻影中见过真正的上帝,他像雾一般迷茫,但是比人类最宏大的创造还要真实得多,那就是善”①。

如康德所言,人是目的,是最高的善。在人类发展的现实进程中,有时候不得不付出人的代价,但我们需要把这种代价降低到最低程度,以换取人的最大福祉。鉴于以往发展战略对社会和环境所造成的压力,在发展理念上,我们有必要对经济发展主义进行一种反思;在政策层面,对经济发展与人的发展、社会发展的关系也须进行重构,从而把为消除贫困而走的增长道路与对社会和环境两方面的关系结合起来,使之沿着坚持不懈地改善人类福祉的目标发展。可以说,在理论上,国内外对这些问题的认识均有着自身的突破。在国际层面,不管是法兰克福学派的技术理性批判,还是对人类中心主义的反思,抑或是可持续发展观念的提出,都是对片面经济发展主义的反思和批判,对其造成问题的诊断和揭示。在国内,新发展理念的提出,无疑也是对近30年来“效率优先”的不平衡发展的一种反思和超越。尽管如此,在现实层面,我们的工作才刚刚开始,经济发展主义的负面效应仍然没有得到有效遏制,而新的问题却又呈现出来。目前的世界经济危机进一步暴露了全球社会发展和环境治理相对于经济发展的滞后性。这诚然是推动经济增长方式转变,促进社会事业发展,加强自然环境治理

① 转引自[美]查尔斯·K. 威尔伯:《不发达所付出的人的代价》,载[美]查尔斯·K. 威尔伯主编:《发达与不发达问题的政治经济学》,中国社会科学出版社1984年版,第457—458页。

的契机,但同时,世界经济的衰退无疑对这些工作的展开提出了严峻挑战。

(二)全球化的谎言:后发展问题的凸显

“全球化”的问题与发展问题是紧密联系的。“全球化”是当代发展问题的新背景和新条件,而发展则是“全球化”时代进一步凸显的问题。可以说,“全球化”是当今国际学术界最为热门的课题之一。尽管如此,对“全球化”这一现象和概念,乃至“全球化”对发展的影响,尤其是对“后发展”的影响,并没有达成一种共识。拥护者憧憬它会给整个世界带来空前的进步和繁荣,认为它会进一步促进“后发展国家”的发展;批评者则更多地把它看作是一个具有煽动性的概念,把它视为是对“后发展”国家的剥削和压迫,断言它会给发展中国家带来贫困、战争甚至文化灭绝。诚然,“全球化”本身是一种客观的历史进程,它在很大程度上推动了全球文明的发展。然而,在现实进程当中,全球化往往被标上汇率自由化和国际贸易自由化等新自由主义标签,成为新自由主义兜售全球的意识形态。在最近20多年的时间里,全球经济就爆发了亚洲金融危机和当前的全球金融危机。如果说,在亚洲金融危机的问题上,新自由主义者仍然有借口把责任推卸给东南亚国家的“道德危机”的话,那么,在目前的全球金融危机的问题上,因其根源明显根植于自由化的泛滥和缺乏管制,新自由主义的拥护者就不得不承认其主张的缺失了。在这种背景下,重新审视全球化、自由化和后发展的关系,无疑具有着实的现实意义。

1. 全球化的两幅面孔

马克思在《共产党宣言》中描述了世界市场的情景。

> 资产阶级,由于开拓了世界市场,使一切国家的生产和消费都成为世界性的了。使反动派大为惋惜的是,资产阶级挖掉了工业脚下的民族基础。古老的民族工业被消灭了,并且每天都还在被消灭。它们被新的工业排挤掉了,新的工业的建立已经成为一切文明民族的生命攸关的问题;这些工业所加工的,已经不是本地的原料,而是来自及其遥远的地区的原

料；它们的产品不仅供本国消费，而且同时供世界各地消费。旧的、靠本国产品来满足的需要，被新的、要靠极其遥远的国家和地带的产品来满足的需要所代替了。过去那种地方的和民族的自给自足和闭关自守状态，被各民族的各方面的相互往来和各方面的相互依赖所代替了。物质的生产是如此，精神的生产也是如此……①

马克思在《德意志意识形态》中也指出："各个相互影响的活动范围在这个发展进程中越是扩大，各民族的原始封闭状态由于日益完善的生产方式、交往以及因交往而自然形成的不同民族之间的分工消灭得越是彻底，历史也就越是成为世界历史。"②在马克思看来，世界市场是由资本主义的扩张所直接导致的，它本质上是资本主义生产力发展的必然要求，是一种客观的历史进程。尽管马克思没有直接提出"全球化"的概念，但他的"世界市场"、"世界历史"的概念正是某种"全球化"的雏形，它预示着"全球化"将是一种不可避免的历史进程。就理论而言，正如许多乐观的"全球化"支持者所认为的那样，只要通过"全球化"带动后发展国家的工业化，后发展国家的发展问题就会得到最终解决。然而事实上，全球化却是一把双刃剑，一面是天使一面是恶魔。格雷德把全球化看作是这样"一部奇妙的新机器"，"它强壮而体贴，既能收获却又具有破坏性"，在向前挪动中，它在"抛出大量的财富和施舍物"的同时也"留下巨大灾难的沟壑"③。鲍曼也指出："对某些人而言，'全球化'是幸福的源泉；对另一些人来说，'全球化'是悲惨的祸根。"④

实质上，在现实进程中，全球化话语逐渐被新自由主义的支持者所俘获，并日益成为新自由主义的一种意识形态。全球化话语被新自由主义的推销者

① 《马克思恩格斯文集》第2卷，人民出版社2009年版，第35页。

② 《马克思恩格斯文集》第1卷，人民出版社2009年版，第540—541页。

③ ［美］威廉·格雷德：《资本主义全球化的疯狂逻辑》，张定淮等译，社会科学文献出版社2003年版，第3页。

④ ［英］齐格蒙特·鲍曼：《全球化——人类的后果》，郭国良、徐建华译，商务印书馆2001年版，第1页。

利用来为其全球计划作辩护,并企图将其合法化。这个全球计划实质上就是所谓的"华盛顿共识",它要在全球的范围内推销其自由市场的理念,试图说服后发展国家采取英美式资本主义自由市场发展范式,它通过世界银行、国际货币基金组织等全球机构来制定全球的自由政策,并且不断通过理论说教和外部施压的方式来迫使后发展国家接受解除管制、私有化和机构调整计划以及有限政府等理念。如此看来,"全球化的意识形态看起来就像是一个'必要的神话',通过它,政客们和官员们就可以操纵其臣民去满足全球市场的需要",而最终"使得盎格鲁—美国式的资本主义在全世界主要经济区域内大获全胜"①。

首先,这种由新自由主义者制造的全球化意识形态是建立在片面夸大全球化"去民族国家"作用的基础之上的。他们认为,全球化使民族国家的统治不再可能,民族国家主权正在不断受到削弱,民族国家正在走向终结。就像大前研一所指出的:"就真正的经济活动流动而言,民族国家已失去了作为全球经济有价值参与单位的角色地位。"②岑皮尔也认为,"我们必须放弃国家的理念和概念……在跨国化的世界中不再存在'国家';在现实上,我们发现国家不再能够保持下来"③。简而言之,他们认为,随着各种跨国性、全球性的政治、经济组织和机构的兴起及其作用的不断扩大,主权国家的权力尤其是政策的自主性正受到现实的挑战和威胁,国家将走向终结,取而代之的将是一种以自由市场和自治为主要原则的全球公民社会。

就马克思的历史唯物主义而言,人类最终走向一种世界历史,这种世界历

① [英]戴维·赫尔德、[英]安东尼·麦克格鲁:《全球化与反全球化》,陈志刚译,社会科学文献出版社2002年版,第4页。

② [日]大前研一:《民族国家的终结》,载俞可平编:《国将不国》,江西人民出版社2004年版,第183—184页。

③ Ernst-Otto Czempiel,"Internationalizing Politics:Some Answers to the Question of Who Does What to Whom",in Ernst-Otto Czempiel,J.N.Rosenau(eds.),*Global Changes and Theoretical Challenges.Approaches to World Politics for the* 1990*s*,Lexington,MA:Lexington Books,1989,pp.117-135.

史进一步促进人类生产力的发展,并且最终会导致国家的消亡。这在理想层面上是可信的,并且也是符合理论推敲的。而新自由主义者对全球化去民族国家的作用的夸大则是建立在当前特殊历史背景之上的,也就是说,与马克思所谓的国家消亡的历史条件还相差甚远,不管是物质条件还是文化条件。在尚未具备国家消亡条件的情况下,主张国家的退却,实质上是为无节制地推行新自由主义政策寻求借口。西方自由主义派这种不顾具体国家国情的、一刀切的自由化和私有化建议最终导致严重的后果。实质上,全球化"并不等于说作为一种制度的国家正在消失……而只是说国家正经历着一种深刻的变形,这种变形由世界社会和经济中的结构改变所引起的。这种变形意味着国家不能再像以前那样进行独有的权利要求。正像过去那样,国家凭着有限的权力和资源又一次成为几种权威来源中的一种"①。马修·赫什曼和安德鲁·马歇尔也指出,"传统的民族国家是几个世纪以来政治、社会、经济演化的结果,如今却处于威胁之中。国际经济的结构变化、科技的发展、冷战的结束,这一切都将推动——事实上已经在推动——国家、公民和国际经济之间关系的重新排序"②,但是"无论民族还是国家,都不会消失……没有任何替代结构能够履行原本由民族国家所履行的职能"③。

其次,这种以"全球化"为伪装的新自由主义本身具有严重局限,它既经受不住理论的诘问,也无法应对经验的考验。

在理论逻辑上,新自由主义的核心逻辑是自由化逻辑和去政治化主张。关于自由化,它至少受到如下几点挑战:第一,"市场失败"需要国家进行干预,这甚至是新自由主义所不能够反对的。第二,新自由主义对配置效率的强

① [英]苏珊·斯特兰奇:《权力流散:世界经济中的国家与非国家权威》,肖宏宇、耿协峰译,北京大学出版社 2005 年版,第 63 页。

② Horsman, M., A.Marshall, *After the Nation-State, Citizens, Tribalism and the New World Disorder*, London: HarperCollins, 1994, p.ix.

③ Horsman, M., A.Marshall, *After the Nation-State, Citizens, Tribalism and the New World Disorder*, London: HarperCollins, 1994, p.264.

调是以牺牲动态效率(这与发展型目标密切相关)为前提的。他们认为静态配置效率的获得将自动导致动态效率。然而,在理论和经验上都没有证据表明会是这样的。即使经济的进一步去规制化将导致更高的配置效率,但是这并不一定导致更高的动态效率。① 第三,即使自由市场是经济发展最好的道路,但什么构成一种"自由市场"仍然是一个问题。此外,新自由主义自由化的建议缺乏任何对"自由经济"的具体化制度说明。最近的许多研究表明,即使在"市场"经济中,也存在着相当程度的制度框架差异。

关于去政治化,他们认为,政治是一种"非理性"的腐败力量,它阻碍经济的一种理性管制,这就有必要去政治化,最终完全依靠竞争市场"看不见的手"来协调不同个人和集团之间的相互冲突。但是,这也至少受到如下几点诘问:第一,新自由主义政治经济学的一个基础假设是,政治中的自我利益与经济中的自我利益以同样的方式运转。但事实并非如此,政治家和官僚把他们自己看作是公共利益的保护者,许多利益集团的活动至少有一部分是为"公共利益"服务的(这在一定程度上是因为政治社会化进程体现出很少的自我利益追求倾向,而且因为对政治中自我利益的追求有着更严格的制度约束)。第二,一种全面去政治化在政治上不一定是可行的。第三,去政治化不一定是一种经济上具有吸引力的选择。在一个充满既得利益的世界里,既得利益者必然抵抗那种威胁他们地位的经济改革。只有帕累托改革才能得到全面人的支持,而大多数改革由于发展的不平衡问题,在具体历史情境下,很可能是非帕累托式的。由此,如果以一种前瞻方式(a forward-looking manner)进

① 静态效率是指技术和偏好保持不变时的资源配置效率。在投入不变的条件下,通过资源的优化组合和有效配置,效率就会提高,产出就会增加。比如说,假定投入为既定,以 A 方式配置资源,可以产生 n 效率;用 B 方式配置资源,可以产生 n+1 效率;而用 C 方式配置资源,则可以产生 n+2 效率。在理论上讲,完全竞争可以导致配置效率。配置效率又称为帕累托效率(Pareto Efficiency)。所谓经济的动态效率(Dynamic Efficiency),是指从国家经济长期增长的动态角度来选择最优的增长路径,如果实际经济运行偏离了最优增长路径,政府应该通过适当的干预措施,使之重新走上最优轨道。

行，对发展进程进行更高程度的政治管理是更好的。经验研究表明，在一些更加成功的经济（比如东亚国家和斯堪的纳维亚国家（瑞典、挪威、丹麦、冰岛））中，结构转变是以高度政治化的方式进行的，特别是在需要大规模快速转变的经济危机时期。①

在经验上，新自由主义传统同样受到严重的挑战。首先，新自由主义复兴的一个具有高度影响力的因素涉及对东亚成功的理解。在新自由主义视界中，亚洲新兴工业化国家之所以成功，是因为它们比发展中世界其他地区的国家更少保护主义、更加外向型和更接近自由市场原则。其次，在其经济政策上实施国家干预主义和保护主义的国家，不仅经历着更慢的经济增长率，而且经历着更严重的收入不平等，以及在就业扩张和减少贫困方面成就有限。这种两分法，成为所谓“华盛顿共识”的中心支柱之一。然而，通过对东亚成功经验进行更加缜密的考察，我们可以发现，强发展和工业产出以及出口的多样化并不能简单、片面、抽象地由自由市场的逻辑来说明；恰恰相反，它与对长期竞争力的相关考虑，动态比较优势支配的干预主义策略以及积极的工业政策紧密相关。有效的国家干预主义以及国家和市场、进口替代和出口促进之间的恰当融合，是东亚新兴工业化国家和地区卓越经济表现的关键因素。据此，曾被巧妙地用来为新自由主义学识提供经验支持的这些国家和地区记录，已成为破坏它的工具。此外，世界经济糟糕的总体表现以及新自由主义所指导下某些第三世界国家发展的糟糕表现，也对新自由主义传统提出了挑战。最后，近年来少数高速发展的国家在某些关键的方面已经偏离了新自由主义原则，这对新自由主义传统提出了另一种挑战。②

概言之，“全球化”或“世界历史”本身确实只是一种客观的历史进程，在

---

① 对新自由主义进行的理论批判，参见 Ha-Joon Chang，“The Economic Theory of the Developmental State”，in Meredith Woo-Cumings edited，*The Developmental State*，Ithaca and London：Cornell University Press，1999，pp.185-192。

② 参见 Ziya Onis，Fikret Senses，“rethinking the emerging of PWC”，*Development and Change*，2005，36(2)，pp.265-271。

理论逻辑上，它应该是价值无涉的。而问题在于，“全球化”这一客观进程却往往由帝国主义所控制，它日益成为资本主义前进的一种意识形态。正如马克思所看到，全球化在本质上是由资本推动的，它的发动者是相对发达的国家（而不是相对落后的国家），落后国家只是被动地卷进全球化资本的进程当中。如此，以自由主义装扮起来的“全球化”并没有全面地促进人类社会的进步，而是在很大程度上凸显了后发展问题的紧迫性和严重性。

2. 后发展问题的凸显

诚然，在马克思年代的自由资本主义时期，“世界市场”的不断扩张，许多国家的“后发展”状况就开始成为一种问题。正如马克思指出的，当时的德国就处于这样一种情形当中：“在法国和英国行将完结的事物，在德国现在才刚刚开始……这个例子充分说明了德国式的现代问题，说明我们的历史就像一个不谙操练的新兵一样，到现在为止只承担着一项任务，那就是补习操练陈旧的历史。”①马克思同时指出，在英国和法国“正涉及解决问题；这里，才涉及到冲突”。为什么是一种冲突？因为一个在温室里面成长起来的中产阶级从来不能够在它的反动敌人的短暂斗争中建立起它的政权，阶级在长期的现实历史中形成。德国正是如此，结合了现代世界的“文明缺陷同旧制度（这种制度我们完整地保存着）的野蛮缺陷”。这样一个国家“怎么能够一个筋斗[salto mortale]就不仅越过自己本身的障碍，而且同时越过现代各国面临的障碍呢”？② 实质上，马克思从文明现代化和制度现代化的角度指出了德国的“后发展”状况，并从某种程度上思考了德国这种“后发展”如何“赶超”的问题。

与19世纪自由资本主义时期的世界市场相比，20世纪的全球化在逻辑和结构上都呈现出不同的形式，在广度和深度上都更加普遍深入。在这种进程中，并不是像新自由主义者所描述的那样世界体系结构扁平化了，恰恰相

① 《马克思恩格斯文集》第1卷，人民出版社2009年版，第8页。
② 《马克思恩格斯文集》第1卷，人民出版社2009年版，第13页。

反,它导致的是一种新形式"帝国"的出现。正如麦克尔·哈特和安东尼奥·奈格里在《帝国》一书中指出的:"伴随着全球市场和生产的全球流水线的形成,全球化的秩序、一种新的规则逻辑和结构,简单地说,一种新的主权形式正在出现……我们基本的假设是主权已经拥有新的形式,它由一系列国家的和超国家的机体构成,这些机体在统治的单一逻辑下整合。新的全球的主权形式就是我们所称的帝国。"①更为重要的是,即使是具体到民族国家层面,"民族国家的力量在消失,这其实只适合于描述边缘国家,对于中心国家来说,国家仍然保持着强大的力量,它们仍然利用国家的强大力量在保护自己的利益,并且以自己的利益来塑造全球化的进程。它们的跨国公司仍然高度依赖母国来推动自己的利益,而且它们仍然如老的帝国主义一样,力图控制全球的资源。另外,边缘国家的国家力量的削弱也只是指它们维护本国利益的能力在削弱,它们维持国内人民福利的能力在削弱,但是它们代表跨国资本的利益来镇压国内反抗的力量却在增强"②。

对资本主义全球化的当代剖析无疑属依附理论最为深刻,尽管它遭到各种理论的批判。在弗兰克(Andre Gunder Frank)、桑托斯(Dos Santos)和阿明(Samir Amin)为代表的依附理论者看来,世界体系是由"中心"国家(城市)到"边缘"国家(城市)的谱系构成的。这种中心—卫星的关系起源于殖民初期,征服者在第三世界建立新城市来把剩余价值转移到西方宗主国家。这样,在第三世界的城市就成为西方宗主国主要城市的边缘和卫星城市。同时,这些相对于宗主国是卫星的城市,在殖民地国家本身却是一种中心城市,它在地方层面会衍生它的卫星城市,而地方层面的卫星城市也会发展出各自的地方卫星城市。通过这种中心—卫星模式,宗主国可以控制到第三世界国家的村庄,而剩余价值正是通过这一链条从第三世界的村庄到地方首府,到地区首府,再

---

① [美]麦克尔·哈特、[意]安东尼奥·奈格里:《帝国——全球化的政治秩序》,杨建国、范一亭译,江苏人民出版社 2003 年版,"序言"第 1—2 页。

② 阿托里奥·波林:《〈帝国〉的迷失》,《国外理论动态》2006 年第 11 期。

到国家首都，最后转移到西方宗主国家。[1] 后来，随着民族独立运动的兴起，逐渐形成了新型的金融—产业依附和技术—产业依附。在前一种形式当中，依附国的经济不但严重依附于西方的金融资本，而且把产业局限在原材料和农产品的出口产业上，这种低级且单一的经济无疑使得这些国家进一步依附于发达资本经济。在后一种形式当中，尽管许多后发展国家已开始了工业化进程，但它们的工业化仍然依赖于一个出口部门，并且受到国际收支平衡波动的影响，容易形成赤字；更严重的是，严重依附于帝国主义的技术垄断。这种技术产业依附，使得国际水平上的资本主义不平等发展不断被巧妙复制，依附国廉价的劳动力市场造成高水平的剥削，而不平等的产品结构更是限制了后发展国家国内市场的发展，比如低购买力限制了国内消费品市场的发展，而帝国主义技术产品的高剥削率则影响了本国资本产品市场的发育。[2] 概言之，国外资本、国外金融和国外技术在国内与国际水平上的垄断地位，使得后发展国家不能够获得一种较为有利的地位，而只能导致落后、灾难和社会边缘化的不断再生产。具体而言，它给边缘地区带来以下后果。

第一，中心资本主义对前资本主义的冲击造成了这些边缘地区不同程度的倒退。比如，本地传统工艺被摧毁但并没有转化为民族工业产品，而当代第三世界的粮食危机则主要是这种倒退造成的。第二，边缘资本主义具有外倾性，这种外倾性并不是由本国市场的不充足造成的，而是由中心地区的更高的生产率造成的，这迫使边缘资本主义局限于补充性产品的供应，从而造成边缘地区的工资远远低于中心地区。同时，也正由于边缘地区相对低的生产效率，使得许多环境代价较大的产业转移到这些边缘地区，从而也不断增加了边缘地区的环境成本。第三，边缘资本主义依靠本地大量的廉价劳动力，从而使之

---

① Alvin Y. So, *Social Change and Development: Modernization, Dependency, and World-System Theories*, Newbury Park, Londan, New Delhi: SAGE Publicaitions, 1990, pp.95–98.

② Alvin Y. So, *Social Change and Development: Modernization, Dependency, and World-System Theories*, Newbury Park, Londan, New Delhi: SAGE Publicaitions, 1990, pp.98–102.

成为处于产业链底端的“制造工厂”，或者造成第三部门的过度膨胀，而对非生产性部门的过度依赖则会阻碍边缘国家的资本积累。第四，国外资本对利润的剥削使得投资的乘数效应并不能以一种商品交易的方式在边缘地区得以实现，反而这种国外资本通过利润转移把这种效应从边缘转向中心，从而进一步促进后者的发展。第五，所有边缘地区的国家都向那种由土地资本、买办资本和国外资本处于统治地位的典型模式集中，而这很有可能造成这三种资本的相互勾结，最终使得老百姓要承受更为残酷的剥削。①

依附论者关于全球性不平等的分析可从南北贫富差距不断扩大的具体数据中得到验证。联合国开发计划署发表的《1999 年度人类发展报告》指出，在平均收入方面，贫富国家之间相差 74 倍，而在 1960 年，这种差距还仅为 30 倍。② 从贫困国家的个数来看，全世界最不发达国家，1971 年为 25 个，1981 年为 39 个，1990 年为 42 个，1999 年增加到 48 个。而这 48 个最不发达国家在世界贸易总额中所占的比重在 20 年前仅为 0. 8%，现在更降至 0. 4%。③ 可见，以工业化为核心的全球化并没有消除贫困和后发展，恰恰相反，在很大程度上，它凸显了“后发展”这一现象。而这不得不归咎于新自由主义的意识形态以及不平衡的世界发展结构。因此，“除非新自由主义的经济全球化被驯服，否则，在日益强化的贫困、排外、无权和不平等的刺激下……一种‘新的野蛮’将会出现”④；除非消除国外资本的垄断和控制，否则不发达边缘地区的资本主义经济就不可能自主地发展。然而，要驯服新自由主义和消除资本垄断，国家则是无法缺位的。

---

① Alvin Y. So, *Social Change and Development: Modernization, Dependency, and World-System Theories*, Newbury Park, Londan, New Delhi: SAGE Publicaitions, 1990, pp.102-103.

② 联合国开发计划署：《1999 年人类发展报告：富于人性的全球化》，中国财政经济出版社 2002 年版，第 37 页。

③ 参见胡元樟、薛晓源：《经济全球化与中国》，中央编译出版社 1999 年版，第 34—35 页。

④ ［英］戴维·赫尔德、［英］安东尼·麦克格鲁：《全球化与反全球化》，陈志刚译，社会科学文献出版社 2004 年版，第 73—74 页。

（三）在鸡蛋上跳舞：金融化及发展不确定性问题的凸显

在当今的世界，对发展的任何思考都不得不正视20世纪90年代以来全球经济快速的金融化趋势。快速的金融化带来如此多的不确定性，以至于任何国家的任何发展道路抉择和政策选择都像是“在鸡蛋上跳舞”，随时会掉进金融危机的漩涡。难怪著名的依附理论家阿明发出了这样的感慨：

> 金融化获得了史无前例的新的空间。然而在它的烟幕背后有着怎样的未来？将会有何种新的经济积累系统被搬上历史舞台？我们现在处于这样一个领域：所有的假设都是可能的，所有的场景都是可想象的，因为未来是不定的，而且对于世界重新构成的认识的成分也是如此的脆弱。世界化的未来将是个巨大未知数。①

这种不确定性在最近20多年的两次金融危机当中已然得到验证。对此，威廉·格雷德指出：“没有人能够对自由资本的能量进行控制，不论权力很大的政府还是地位显赫的金融家，不论独裁者还是民主人士，概莫能外。”②如此，这样的危机不但挑战着后发展国家发展道路的选择，而且挑战着发达国家的政策抉择；不但挑战着传统的国家干预主义，也挑战着风靡全球的新自由主义。在这种快速金融化的时代，历史的经验和当代的理论似乎都变得力不从心。那么，它是否意味着传统发展经验和传统发展理论的彻底破产？是否意味着我们必须要像尼采重估一切价值那样重估所有的发展智识传统？抑或意味着我们必须如后现代主义那样抛弃任何整体的、宏观的解决方案而诉诸那些破碎的、微观的“权宜之计”？带着这种种疑问，对全球经济的金融化趋势及其所带来的危机进行一种反思性的检验，或许可以为我们解答这些问题提供某种启迪。

---

① ［埃及］萨米尔·阿明：《世界一体化的挑战》，任友谅等译，社会科学文献出版社2003年版，第107页。

② ［美］威廉·格雷德：《资本主义全球化的疯狂逻辑》，张定淮等译，社会科学文献出版社2003年版，第4页。

1. 全球经济金融化及其危机

20 世纪 90 年代以来，全球经济进入快速金融化的时代。这种快速金融化的趋势首先表现在全球资本流动速度的迅猛增长。2020 年前三季度，国际资本流动总规模达 11 万亿美元，同比增长 6.4%。其中，增幅主要来自金融投融资。2020 年前三季度，全球其他投资流动规模为 5.6 万亿美元，同比增长 43.5%。2020 年，直接投资萎缩 42%，在国际资本流动中占比下降近一半。证券组合投资流动周期缩短，2020 年新兴市场经历有史以来最大规模的证券组合投资流入和流出，间隔时间仅 7 个月，流量与流速变化远超 2008 年金融危机时期。[①] 其次，全球经济金融化更为显著地体现在世界金融资产的迅速增长上。1990—1995 年期间，世界银行资产年均增速仅为 5.3%，而到了 2000—2005 年期间其年均增速则达到了 14.3%。全球银行业资产占 GDP 的比重也迅猛增长，从 1992 年的 40%左右提高到 2007 年的 80%。同样的故事发生在债券市场和股票市场，债券市场占 GDP 的比重从 1992 年的 70%上升到 2007 年的 100%，而股票市值则同期从 40%增长到 105%。[②] 2021 年，各国央行总计增储 463 吨黄金，比 2020 年高出 82%，将全球央行黄金储备提升至近 30 年来的最高水平。[③]

这种金融化趋势是与金融自由化主张和金融产品创新密切联系起来的，而这也是给发展带来无穷不确定性的根本原因。

首先是金融自由化主张。金融自由化实际上是要求各国放松金融管制，形成

---

① 参见陈卫东、熊启跃、赵雪情、蒋效辰：《国际资本流动最新发展态势及驱动逻辑》，《国际金融》2021 年第 8 期。

② 关于资本和货币流量的数据参见中国银行副行长朱民在“全球经济金融化——‘中国经济发展与金融政策’高层论坛”的讲话（首都经济贸易大学联合世界银行、国际货币基金组织中国职员协会共同主办，2007 年 7 月 28 日），文献资料载于《当代经理人》2007 年第 9 期。

③ 黄金储备（gold reserve）指一国货币当局持有的，用以平衡国际收支、维持或影响汇率水平、作为金融资产持有的黄金。该数据转引自世界黄金协会网站：《全球黄金需求趋势 2021 全年及第四季度》，https://china.gold.org/goldhub/research/golddemand-trends/gold-demand-trends-full-year-2021。

全球统一的金融市场和运行机制,保证金融资本在全球范围自由流动和合理配置,其核心是取消利率限制,使利率完全自由化;取消外汇管制,使汇率浮动完全自由化;放松对资本流动的限制,允许外国资本和金融机构更方便更自由地进入当地市场,同时也放宽本国资本和金融机构进入外国市场的限制,实行资本流动自由化;放松和改善金融市场的管理,实行市场运作自由化。其具体内容为利率自由化、汇率自由化、银行业务自由化、金融市场自由化、资本流动自由化。这也就是世界银行等国际组织为东南亚国家和地区所开出的处方。东南亚国家和地区在没有健全相关配备制度的前提下,实施了上述一系列自由化措施,最终留给国际金融投机分子狙击的机会,从而导致了可怕的1997—1998年的亚洲金融危机。以索罗斯量子基金为首的游资全力打压泰国货币——泰铢,促其贬值,同时在货币的远期、期货和期权市场上对泰铢大规模卖空。① 泰国政府干预失败后,只能任由泰铢贬值,使处于空头位置的对冲基金获利而去。这次危机致使东南亚几十年所积累的财富被对冲基金席卷一空,东盟诸国损失达数千亿美元,印尼经济甚至倒退了30年,菲律宾的国民财富也减少近一半。因此,国际经济中心向亚太转移的步伐放缓,日元遭受重挫,美元恢复并强化了在该地区的地位。

其次是金融产品创新。其中最为显著的就是银行信贷资产证券化(ABS)②,它的设计者称其是为了降低银行风险。银行的意图是将信贷资产

---

① 让我们举例说明,投机分子是如何通过做空泰铢从中获取暴利的。所谓做空,简单说就是借入某种产品(不管是债券、股票还是某种货币),然后大肆抛售该物品,从而压低该物品的价格,最终在低价买回该产品进行偿还,从差价中获利。比如当前1美元=5泰佅,我借入5000亿泰铢一个月,支付月利息100亿,我将这5000亿泰铢在外汇市场上抛售,买入美元,可得1000亿美元,如果泰国政府没有足够的外汇储备购入市场上所有抛售的泰铢,那么泰铢当前的汇价就不能维持(由供求原理知),泰铢在一个月后贬值为1美元=8泰铢,我就可以用手中的1000亿美元购回8000亿泰铢,归还借入的5000亿泰铢,并支付一个月利息100亿泰铢,可赚到2900亿泰铢。

② ABS(Asset-Backed Security),直译为资产支持证券,实质上就是以非住房抵押贷款资产为支撑的证券化融资方式,所以称为银行信贷资产证券化。它是在MBS技术的基础上产生的向其他资产上的推广和应运。MBS(Mortage-Backed Security),即抵押支持债券或者抵押贷款证券化,它最早产生于20世纪60年代美国。它主要由美国住房专业银行及储蓄机构利用其贷出的住房抵押贷款,发行的一种资产证券化商品。

的收益和风险一起转移到社会。而实质上，金融产品的创新一开始就是为了让自身利益赢得更多的利润而设计的，衍生品的设计尤其如此。投资者拿5块钱就可以做100块钱的生意，这看似为投资者设想，事实却是金融机构利用这一杠杆扩展财富。银行卖出信贷资产后所获得的资金肯定大于他所支付的成本，这笔钱将应用放贷。这就是说银行将同一件商品卖了三次：第一次发放贷款给企业，获得的利息便是贷款的价格；第二次卖给社会；第三次在获得资金后又贷给企业，也就是卖给企业。至此社会信贷和资金流量数倍于实体经济的速度增长，商品价格由此推高，资产泡沫、资本泡沫由此产生。更为严重的是，在任何一个环节出现问题的时候，就会引发金融危机。目前这次世界性的金融危机就是由其中的次贷危机①所引发的。

正是这种金融自由化趋势和金融产品的过度创新给世界各国的发展带来了不可估量的不确定性。整个社会的金融化、虚拟化发展的速度和规模远远超过我们的想象。用马克思的话说，它就是把经济生活进一步抽象化了。在马克思看来，商品最本质的东西应该是使用价值，而消费者所要追求的也恰恰是这种使用价值。然而，当市场交换成为一种原则的时候，对交换价值的追求开始掩盖着使用价值的本真，于是在市场经济中就产生了从使用价值到交换

---

① 次贷也就是次级债，次级债问题可以分为三个层次：第一个层次是居民。不符合标准贷款的居民，银行降低了贷款标准，居民可以从银行中获得贷款。第二个层次是投资银行。它把这些贷款无数次地掰碎、无数次地组合，组合成无数的产品，重新销售出去。第三个层次是购买者。购买者把次债购买到手后，可以通过债务市场抛售给其他购买者，或者持在手中等待行权获利。在经济发展良好的状况下，居民收入有保证，或者房地产价值上升的时候，这类居民就能够偿付贷款。居民可以从升值中获利，而投资银行也可以从出卖次债券过程中获利（至少是有人买），而购买者也有可能从进一步交易中获得差价利益。然而问题在于，经济衰退，居民收入没有保证，而且房价也没有跟随上涨，居民就得申请破产，而这必然导致次债的价值大幅缩水。而这种缩水预期也会导致投资银行以高价交易次债产品，而预期的恐慌会导致购买者疯狂抛售次债，进而导致次债的进一步缩水。在这种情况下，投行不但不能赚钱，而且会血本无归，而严重的后果就是导致这些投资银行的资不抵债，不得不申请破产。而一旦这些投行申请破产，任何从该投行所购买的次债券也就成为废纸一张。这就是次贷危机产生最为直观的描述。而实质上，由于投资银行是通过无数次地掰碎、无数地组合形成形式多样的次贷产品之后才销售的，所以它实质上的覆盖面就远远超出我们可想象的范围。也正因为如此，次贷危机从一个环节的崩溃最终扩展到整个世界经济体系的危机。

价值的第一层抽象。后来,等价交换物开始演变为金银货币,接着演变为纸币符号,而最后由于债务和股票等资本市场的出现,它在某种程度上又演变为一种信用。这就是使用价值—交换价值—金银货币—纸币符号—信用的不断抽象进程。也许在马克思的时代,从信用这一抽象层面我们仍可以追溯到某种较为实质的东西,毕竟它的规模仍是相当有限的,并且它仍是主要以实体经济的状况(包括实际的交换价值和金银货币流量)为实质的载体。但是,随着20世纪70年代以黄金为基础的布雷顿森林体系的崩溃,以美元为中心的货币体系开始偏离传统,信用开始逐渐主宰世界经济。尽管如此,这时的信用多多少少仍然可以从美元背后的实体经济中找到其实质的支撑。而上述过度金融化的趋势就连这唯一的具体支点也颠覆了,它似乎完全脱离了实体经济成为纯粹的抽象物。这种抽象物是如此的具有不确定性,以至于它在很大程度上成了大金融资本家、投机分子以及资本市场操盘手任意把玩的玩物。在这种情况下,各国的发展无疑是"在鸡蛋上跳舞",随时会遭受这种不确定性的狙击。

2. 1997—1998年亚洲金融危机:发展型国家的终结?

"现代国家像神话中的两面神一样有两张脸孔。一张脸孔向内看其国内社会;另一张向外看国际网络。两张脸孔都是同一个头的一部分……因为发展型国家的基本目标是改进其相对于其他国家的经济条件,任何希望发展的国家必须在更大的地区和国际权力平衡的背景下选择它的策略。其中,条件通常是变动的,在某种时期它给予边际或工业化国家比其他国家更多的机会。在更广大的外部网络中,经济选择将是高度短暂性的。"①因此,随着国际政治经济秩序的转变,尤其是在金融化趋势对传统秩序的强烈冲击下,发展型国家的历史遗产对其发展策略的影响必然发生转变,发展型国家的发展策略本身也必然发生转变。1997—1998年的金融危机是对发展型国家发展策略发出的一种警示信号。

① T.J.Pempel, "The Developmental Regime in a Changing World Economy", in Meredith Woo-Cumings edited, *The Developmental State*, Ithaca and London: Cornell University Press, 1999, p.147.

东亚发展型国家的产生有着深刻的、独特的历史根源。尽管如此，在应对不断变化的国际环境当中，发展型国家本身是在不断变化中发展的。正因为如此，由诸如日本和韩国新兴工业化国家形象所传达的这种“发展型国家”形象仅仅是一种虚幻的光环，它无法掩盖在20世纪50年代到20世纪90年期间，这些国家和地区在国家结构和策略方面的巨大变化。从20世纪50年代到70年代，日本的宏观政策依赖于一种固定的和人为降低的汇率，政府对信用和货币供应的紧密控制，对农业和工业部门的高水平保护，严格控制资本进出国家，低政府开支、最小化的公共债务和失衡的预算。到20世纪90年代中期为止，这些让位于一种浮动的和更高价值的日元，它由日本银行定期干预来保持；扩大国内外工业贷款的机会；比其他工业化国家更低的关税和更少的进口配额；资本、债券市场的自由化；日本投资和制造业在全世界范围的扩张；与非日本公司广泛地策略联盟，以及持续增加政府开支等。政治上，在20世纪80年代期间日本显示出官僚权力的一种相对减少，同时拓展退休金和卫生事业，这很有可能使日本走上一种“超级福利国家”的道路。

这种政治结构和经济政策转变本身就是一种谜：为什么发生转变，它们意味着什么？当可以推测这些国家、地区应该处于提升力量和更大能力来巩固它们外壳地位的时候，为什么这些国家却变得越来越具有开放性和灵活性？这些国家、地区之间所具有的不同性，以及各个国家、地区本身随着时间而发生的改变，我们是否应该仍然把这些国家和地区看作是一种独特的类型，即发展型国家？或者它们分别代表不同的三种古典类型，例如资本主义、发展中经济和权威主义（要么是软版本的要么是硬版本的）、议会民主？① 或者，那种专注于发展的发展型国家是否将转变为一种福利国家？具体来说，在社会政策上，它们如何处理社会问题与发展的关系？它们将会采取哪一种社会政策规

① T.J.Pempel, “The Developmental Regime in a Changing World Economy”, in Meredith Woo-Cumings edited, *The Developmental State*, Ithaca and London: Cornell University Press, 1999, p.154.

范性理论?①

特别是1997—1998年亚洲经济危机后,东亚发展型国家和地区更是经历了历史性的转变。经济要求的改革转变为社会政策的改革。通过改革,新社会计划被引进,现存社会计划得到加强。结果是,在不稳定和具有弹性的全球市场中,国家制度特别是福利国家扮演着更重要的角色。这些转变似乎是与新自由主义这样的观点相反的——新自由主义认为市场推动的全球化将使得福利国家在经济生活中边缘化。东亚福利改革表明,对社会问题的考虑可以与经济的发展并行不悖。② 然而,在发展型国家中,经济政策与社会政策之间的关系是怎么样的?对社会政策的权重于发展型国家范式本身提出什么挑战?在社会政策中,国家将扮演一种什么角色?

诚然,发展型国家作为一种发展模式,在马克思时代的"世界市场"向全球化纵深发展的背景下,它在后发展国家那里获得了合法性。然而,全球化实质上是国际政治经济结构不断发生变化的一种过程,而国际政治经济结构的变化必然预示着发展型国家结构本身的转变。这样,在全球化进一步深化的背景中,发展型国家范式是否仍然具有其合法性?正如罗里奥斯指出的:"国际政治经济的结构转变已经减弱了国家精英的干预主义力量。无能力和渎职已经使得发展型国家精英的威望黯然失色。"③这是否意味着发展型国家必须被取代,或者被超越?如果发展型国家仍然具有其现实意义,那么在什么意义上界定其现实性?这是我们今天必须要回答的问题。

学术界关于发展型政权的衰落问题的争论还在进行。很多学者认为,全

---

① 三种规范性理论主宰着具体社会政策的重要思想流派和价值体系:国家主义或制度福利模式、个人主义或自由市场企业模式,以及平民主义或社区发展战略。但发展中国家越来越采取这三种规范性理论的一种混合形态。参见安东尼·哈尔、詹姆斯·梅志里:《发展型社会政策》,罗敏、范西庆等译,社会科学文献出版社2006年版,第2页。

② 参见Huck-ju Kwon eds,*Transformation the Developmental Welfare State in East Asia*,*Palgrave Macmillian*,2005,p.1。

③ Michael Loriaux,"The French Developmental State as Myth and Ambition",in Meredith Woo-Cumings edited,*The Developmental State*,Ithaca and London:Cornell University Press,1999,p.269.

球化和民主化等因素从外部和内部两个方面挑战政府指导经济的权威，轻则引起经济政策的转向，重则导致发展型政权的消亡。但也有学者认为，发展型政权在全球化竞争加剧的时代更需要对经济进行指导，而且也有能力在民主制度下完成这一任务，发展型政权虽然也会产生转化，但不会消亡，甚至会比以前变得更加发展趋向。① 为此，在发展型国家自身不断变化的进程中，重新思考发展型国家的趋向是当下极有意义的理论探讨。

3. 2008 年的世界性金融危机和 2020 年的新冠疫情：新自由主义的终结？

透过全球新自由主义和金融化浪潮的背后，我们可以发现，美国借此来推行一种“金融帝国主义”。全球的大宗商品交易乃至全球化的统计核算都以美元价值为概念，而这价值最终取决于华尔街的金融市场。白宫及美国联邦储备银行是这种“金融帝国主义”的始作俑者，而世界银行和国际货币基金组织等世界组织也推波助澜，例如强迫日元升值而使日本银行业一蹶不振，亦如近年来一直想方设法让人民币升值，尽管至今仍未完全奏效。《联合早报》著名评论家谭中如此形象地描述了“金融帝国主义”戏剧般的演绎：

> 华尔街“金融资本”先请来全球各国“资本”，然后让它们丧失本身的价值，在股票市场赤裸裸地被拍卖，接受股民对其利润前景以及风险程度价值评估，股民信任高就猛扬，股民不信任就惨跌。②

然而，这弄戏法般的“金融帝国主义”最终也免不了玩火自焚，2008 年经济危机和 2020 年的新冠疫情使美国经济受到重大损失，根据 2009 年 2 月的市价，花旗、美联、JP 摩根、高盛和摩根斯坦利这些世界银行巨子的总资财最多只等于一家中国建设银行的资产。而美国受到新冠疫情的影响，数据显示，从 2020 年 3 月起，美国经济陷入衰退。美国在 2020 年第一季度和第二季度经济出现环比负增长，GDP 不变价季调环比折年率分别为 -5% 和 -31.4%。从周度经济指数的走势来看，新冠疫情对美国经济的负面影响集中在 2020 年

① 参见朱天飚：《发展型国家的衰落》，《经济社会体制比较》2005 年第 5 期。

② 谭中：《“斜光照墟落”的华尔街》，《联合早报》2009 年 2 月 19 日。

3月14日至4月25日。在这段时间内，周度经济指数出现了断崖式下跌，对应的正是美国新冠疫情的第一次高峰期。[①] 这火也"玩大了"，它殃及了美国的远亲与近邻。拯救危机成为各国政要的当务之急，迫于无奈，西方发达国家纷纷捡起了曾被他们斥为异端的理论与手段，加强国家干预力度空前加大，保护主义呈现出抬头的迹象。

首先是西方发达国家的政府干预力度空前扩大。为了应对金融危机而采取的各种干预措施不胜枚举，即使是应对新冠疫情，美国政府颁布了"CARES法案"(《冠状病毒援助、救济和经济安全法案》)并加强了财政刺激。美国监管机构及金融系统正在加大对受疫情影响最为严重的中小企业的救助，美联储新出台的2.3万亿美元贷款刺激中有相当一部分是针对受疫情冲击的中小企业，还将通过实体经济贷款项目购买至多6000亿美元的贷款，确保信贷流向中小企业。[②] 同样是针对新冠疫情造成的经济危机，英国2020年3月11日发布了《COVID-19英国财政措施》，提出设立120亿英镑作为专项资金，并公布了一系列防疫专项财政纾困措施：一是"新冠相关法定病假工资"(Statutory Sick Pay)计划。二是延迟增值税支付期限，降低企业因资金链断裂而导致的破产风险。三是为中小型企业提供3300亿英镑作为援助贷款，免息为12个月以帮助抗风险能力较差的企业和个体渡过难关[③]。其他各国也纷纷采取相类似的措施，政府干预主义开始风靡全球。

其次是保护主义的抬头。2017年1月，美国退出跨太平洋伙伴关系协定(TPP)，出台了各类投资和贸易保护措施。在2018年，美国前任总统特朗普

---

① 参见杨盼盼、徐奇渊、杨子荣：《复盘新冠疫情下的美国宏观经济政策》，《当代美国评论》2021年第5期。数据见"Business Cycle Dating Committee of NBER, Determination of the February 2020 Peak in US Economic Activity," 2020年6月8日，见 https://www.nber.org/news/business-cycle-dating-committee-announcement-june-8-2020。

② 黄小军、吴昊：《新冠疫情对美国经济影响分析》，《清华金融评论》2020年第5期。

③ 李瑾：《英国新冠肺炎疫情防控政策：分析与启示》，《中国公共政策评论》2021年第18期。

对中国发起了贸易战，此后美国就对中国大量商品加征了关税，想要以此来打压中国企业和经济，降低中国商品在国际市场的竞争力。现任美国政府奉行“美国优先”，利用“贸易保护”四处威胁，筑起了保护主义壁垒等。

就本质而言，从西方政府的大力干预主义到银行国有化和贸易保护主义的极端措施，无疑都是对所谓资本主义原则的背叛和对市场游戏规则的践踏。那这是否意味着新自由主义帝国的陨落？而面对发达国家新一轮的贸易保护主义，发展中国家如何应对？概言之，不管是亚洲金融危机前夕东亚国家和地区的自由化进程，还是当前危机持续状况下西方发达国家的去自由化趋势；不管是亚洲金融危机所暴露出来的国家主义缺陷，还是当前危机所验证的自由主义缺失，都警示我们有必要重新反思国家和市场、计划和经济之间的关系，重新寻求国家主义与自由主义、社会主义与资本主义体系之间的契合点。

二、发展型国家理论的产生和历史渊源

发展型国家理论是由查默斯·约翰逊等发展起来的，它既是对东亚经济奇迹的理论解释，又是对现代化理论、依附理论、新自由主义理论等的扬弃。就历史渊源而言，它更可以追溯到德国“后发展”的成功经验，是对以李斯特为代表的重商主义学派和德国历史学派的继承与批判。然而，随着世界经济社会发展历史条件的变化，发展型国家理论也在实践与理论的张力之间不断发展，取得丰硕的成果。

（一）从现代化理论到发展型国家理论的发展轨迹

第二次世界大战后，一大批殖民地、半殖民地成为独立民族国家，形成广大的第三世界国家，世界政治格局发生了很大变化。第三世界国家在独立后经济、政治、社会各方面的走向，为学者们提供了广阔的研究素材和展现自己理论成果的机会，发展理论得到了空前的发展。在20世纪50年代和20世纪

60年代期间，在发展理论领域存在着现代化理论、依附理论和结构主义经济发展理论之间的争鸣。现代化理论，是人类以“现代性”为价值目标、以西方发达社会及其走过的路程为参照而对非西方欠发达社会的展望和规划。这幅在进步主义信念支撑之下描绘的现代社会“蓝图”，充满了乐观情调。而且，自20世纪50年代开始，在联合国主持下，现代化理论在第三世界得以流行和实践。但现代化理论的乐观预言并没有成为发展中国家的一种现实。在这些国家，尽管国民生产总值有了一定幅度的增长，但很多问题却更加恶化了：南北差距进一步扩大，债台高筑，经济进一步受制于西方，成为西方国家的原料产地和商品市场，经济的波动导致政治局势的混乱，等等。这些情况说明西方现代化的模式对欠发达国家是不适用的，它导致欠发达国家对西方的进一步依附。在60年代，现代化理论受到来自学术界的连续的批评而没落，以悲观主义为色彩的依附理论取而代之，并成为解释第三世界（尤其是拉美国家）发展的主要理论。与现代化理论将一些国家的不发达归因于内部的文化和制度因素不同，依附理论将不发达归因于外部资本主义的剥削。因而，解救之道在于与世界资本主义体系进行必要的“决裂”或“脱钩”（阿明语）。依附理论观察到了资本主义世界体系和西方现代化的剥削特征，但它“将独立于美国（或）资本主义国际体系之外的好处看得太多了”①。

针对现代化理论和依附理论之间的争论，结构主义经济发展理论试图为第三世界的发展提供一种更合适的发展道路。结构主义不仅探讨发展中国家迅速走上工业化道路所需的内部制度要素，而且探讨其所需的外部环境要素。同时，由于结构主义认为发展中国家的经济现实不同于西方发达国家，市场是不完善的，不能有效地调节经济，因此，结构主义认为不能寄希望于市场，而应充分发挥国家的作用。由于结构主义注重经济实际，对发展中国家的经济现实作出了比较确切的分析，加上结构主义的思想符合当时西方经济学的主流，

---

①　［美］约翰·W. 斯隆：《依附论的主要欠缺》，载塞缪尔·亨廷顿等：《现代化——理论与历史经验的再探讨》，上海译文出版社1993年版，第143页。

如经济的计划化，也与当时正盛行的凯恩斯国家干预思想有不谋而合之处。另外，结构主义的思想和主张也符合当时发展中国家谋求发展的强烈愿望和要求。因而，结构主义思想得到当时绝大多数发展经济学家的接受和支持。实际上，早期发展经济学强调资本积累，工业化和计划化的这种特点就是受到结构主义学派思想的影响。① 总之，在此期间，在国家发展主义和制度主义的背景中，国家在发展进程中通过像进口替代工业化和财政约束这样的策略扮演着一种积极的角色。从 50 年代开始，在结构主义的影响下，许多发展中国家相继走上了工业化发展的道路，采取国家计划化、抑制市场机制的方式来推动经济的发展。但是，这种结构主义学派所倡导的发展方式的经济实绩却事与愿违。结构主义发展理论尽管对一些发展中国家的发展战略影响很深，但它并没有使发展中国家从不发达走向发达，一些发展中国家甚至出现了有增长而无发展、失业率上升、收入分配不公、农业停滞等局面。经济实践上的失败表明了结构主义理论本身有很大局限性和内容上的片面性。70 年代世界经济危机爆发和东亚四小龙的崛起，也暴露了依附理论的缺陷，世界体系论正是在这种情况下扬弃了依附论。而在西方发达国家，伴随着凯恩斯主义的失灵，自由主义实现了当代复兴。

从 20 世纪 70 年代后期到 20 世纪 90 年代早期，在发展进程和发展策略的背景中，我们见证了新自由主义思想的一个主要高潮。新自由主义传统的浮现支持一种新的发展模式，这种模式建立在个人主义、市场自由主义、外向型和国家收缩的优先性基础之上。新自由主义政治经济的组织原则是一个最小国家的观念，它的主要功能是保护法律和秩序，确保宏观经济的稳定和提供必要的物质基础设施。新自由主义的复兴预示着对国家发展主义和制度主义的一种重要抨击。新古典主义的复兴分别从三个方面对国家发展主义和制度主义进行了批判：第一，为促进进口替代的工业化，过度的国家干预已经产生

① 参见罗美娟：《结构主义和新古典主义对发展经济学的贡献及局限》，《当代财经》2000 年第 6 期。

了低效率的工业，这些工业不但需要永久的补助来维持生存，而且几乎无望达到国际竞争的水平。第二，过度的国家干预很容易产生大范围的“寻租”现象，这把经济行为者的注意力从生产活动转移到为增加政府补贴和保护而进行的游说活动。第三，新自由主义者对东亚经济奇迹作出了自由主义的解释，认为东亚四小龙——中国台湾地区、韩国、中国香港地区和新加坡——的经验证据表明，这些国家和地区获得经济的高速发展，尽管是与收入分配的相对平等主义相一致的，但更多是通过使用由市场刺激和一个强大的私人领域推动的外向型模式来推动的，而不是由强有力的国家干预来推动的。①

针对新自由主义的批评，结构主义也从各种方面展开了回应。于是，围绕着静态平衡和动态平衡、政府失灵与市场失灵、制度环境和市场竞争等问题，这两个最为重要的经济学流派展开了一场激烈的争论。在这场争论中，双方更多的时候是各执一端，要么认为工业化的成功是自由市场的成功，因此国家对经济的干预应该尽可能地受到限制，要么看轻市场在工业化进程中的作用。在这场争论的背景下，以美国加州大学政治学教授查默斯·约翰逊（Chalmers Johnson）为代表的诸多学者，对东亚发展经验进行了重新的解读，对新自由主义解释作出了制度主义的批判，恢复了国家在东亚发展中的应有地位。这些学者的中心论点是，“后发展”现象应该被理解为这样一种进程，在那里国家扮演着一个策略性的角色，驯服国内和国际的市场力量以使得它们符合国家的目的。当基于目前比较优势以争取最大利益的这种考虑受到质疑之时，东亚发展的基础已变成是对工业化的关注。换言之，市场理性已经受到对工业化的优先考虑的制约。快速工业化的关键是一个强大和自主的国家，它对市场机制进行直接的干预。市场由一个政府官员制定的长期国家投资理性概念引导着。它是国家和市场之间的“综合”（synergy），它为出色的发展经验提供

① 参见 Ziya Onis，Fikret Senses，“rethinking the emerging of PWC”，*Development and Change*，2005，36(2)，p.263；Ziya Onis，“The Logic of the Developmental State”，*Comparative Politics*，1991，24(1)，p.109。

了基础。

这种制度主义批判，旨在超越争论不休的新古典主义—结构主义争论。在非常粗糙的层面，单纯反对市场导向，或者反对国家导向作为发展的替代品，都是反历史的和具有误导性的。所有“后工业化”(late industrialization)成功的案例都与国家干预存在着重要的关系。因此，问题是寻找与快速有效工业化相适应的市场导向和国家干预之间的恰当的混合体。同样重要的问题是，哪些制度和政治安排是与经济中国家干预和市场导向恰当混合体相容的。因此，我们在制度主义批评中看到的是，问题的根本转向：从国家与市场对立的二分法到市场导向或资本主义经济组织的不同方法，再到这些不同组织方法是如何导致政治实施和经济演进后果的不同的。①

按照这种制度主义批判的思路，1982 年，美国加州大学政治学教授查默斯·约翰逊(Chalmers Johnson)发表《通产省与日本奇迹》一书。与那种把东亚经济奇迹理解为自由主义的胜利不同，约翰逊认为，日本信奉的政治经济学与德国历史学派经济学家李斯特的“经济国家主义”或“新重商主义”一脉相承。② 在此基础上，约翰逊描述了日本经济发展独特的路径依赖和制度结构，提出了“资本主义发展型国家”概念。在约翰逊的基础上，诸多发展理论家拓展了对东亚国家的研究，从而形成一种“资本主义发展型国家”理论范式。由此，东亚发展模式成为抵制新自由主义和依附模式的成功典范。

(二)德国的“后发展”经验与德国历史学派

这种被约翰逊称为“资本主义发展型国家”的发展范式，其根源可以追溯到德国应对后发展状况的历史经验，从学理上来说，可以追溯到以李斯特为代表的德国历史学派。该学派把“民族国家”和“资本主义”连接起来，强调国家

① Ziya Onis, “The Logic of the Developmental State”, *Comparative Politics*, 1991, 24(1), p.110.

② 参见[美]查默斯·约翰逊:《通产省与日本奇迹》，中共中央党校出版社 1992 年版，第 18 页。

在发展中的作用。正如佩里·安德森说:“按照重商主义理论,为了国家的繁荣和强盛,政治要不断地介入经济运行过程中。”①布罗代尔认为,“重商主义只是现代国家执着的、自私的和强烈的追求”,它“很容易以国家宗教的姿态出现”②。而亚历山大·汉密尔顿(Alexander Hamilton)则认为,因为“一个衰弱而卑下的国家,连中立的权利都会丧失殆尽”③,而新生的资本主义则是任性而羞涩的。所以,要激发那些任何时候都谨慎而有洞察力的资本家的信心,就要建立一个有足够能力帮助他们克服障碍的国家。这些实践足以为国家建构、民族自主和国家权力扩张等主张提供充分的理性辩护。然而,这被自由主义指责为一种经济异端,因为自由主义者把任何拒绝相信自由贸易的人(适用于所有时间地点的绝对的和永恒的智慧)都有可能被贴上“蠢材或骗子”的标签。尽管如此,这种重商主义观点却来自对经济实践的观察。承继着这一理论传统,发展型国家论题也来自对东亚经济实践的观察。在发展型国家理论看来,日本等发展型国家在 20 世纪 50 年代到 80 年代作出的成就让世界另眼相看,并不是对全球化的一种反叛,也不是对马克思所预言的全球化作出反面的例证,而是应对全球化进程的一种方案,某种意义上也可以说是对马克思所没有提出解决方案的问题提供了一种解决方案。

1. 拯救德国:马克思 VS 黑格尔

在黑格尔和马克思时代的德国(普鲁士)被率先实现工业化的英国远远甩在后面。祖国的这种落后状态无疑触动着黑格尔和马克思的敏锐神经,思考拯救德国(普鲁士)之道成为黑格尔和马克思思想不可或缺的部分。然而,两位哲人对拯救德国后发展的态度是截然不同的。

马克思把德国国内结构置于当时世界体系的时空,并清楚地认识到德国

---

① [英]佩里·安德森:《绝对主义国家的谱系》,刘北成、龚晓庄译,上海人民出版社 2001 年版,第 21 页。

② [法]费尔南·布罗代尔:《15 至 18 世纪的物质文明、经济和资本主义》第二卷,顾良译,生活·读书·新知三联书店 2002 年版,第 601 页。

③ [美]亚历山大·汉密尔顿等:《联邦党人文集》,商务印书馆 1980 年版,第 54 页。

“不是和现代各国在同一个时候登上政治解放的中间阶梯的”。在马克思看来，世界市场的扩张是一种个人无法控制的历史必然性，它是与人的力量相异化的，“单个人随着自己的活动扩大为世界历史性的活动，越来越受到对他们来说是异己的力量的支配（他们把这种压迫想象为所谓世界精神等等的圈套），受到日益扩大的、归根结底表现为世界市场的力量的支配，这种情况在迄今为止的历史中当然也是经验事实”①。但是，这种世界市场（全球化进程）所导致的“后发展”却是一种必要的“恶”，它有助于促进人类社会的进步。“例如，如果在英国发明了一种机器，它夺走了印度和中国的无数劳动者的饭碗，并引起这些国家的整个生存形式的改变，那么，这个发明便成为一个世界历史性的事实；同样，砂糖和咖啡是这样来表明自己在19世纪具有的世界历史意义的：拿破仑的大陆体系所引起的这两种产品的匮乏推动了德国人起来反抗拿破仑，从而就成为光荣的1813年解放战争的现实基础……”②然而，与全人类的解放一样，这种“后发展”问题的解决，也只能通过阶级斗争乃至无产阶级革命的胜利一并获得解决。所以马克思这样描述道：“随着现存社会制度被共产主义革命所推翻……以及与这一革命具有同等意义的私有制的消灭，这种对德国理论家们来说是如此神秘的力量也将被消灭；同时，每一个单个人的解放的程度是与历史完全转变为世界历史的程度一致的。”③可见，马克思把德国“后发展”问题的解决与整个人类的解放紧密联系起来，并把德国的拯救寄希望于无产阶级革命。

就马克思来说，他预示了全球化这样一种必然趋势，看到了全球化进程中后发展国家所面临的困境，揭示了“世界市场”对个人和民族国家（尤其是后发展的民族国家）来说，是一种异己的力量这样的本质。对这种异己的消除，马克思寄希望于全球化普遍深入到足以实现共产主义那一刻。因为，在马克

① 《马克思恩格斯文集》第1卷，人民出版社2009年版，第541页。
② 《马克思恩格斯文集》第1卷，人民出版社2009年版，第541页。
③ 《马克思恩格斯文集》第1卷，人民出版社2009年版，第541页。

思看来，共产主义的实现，也意味着民族国家的消亡，世界各国的人民都如兄弟般地生活在一起；那时，无所谓贸易，无所谓商品，无所谓资本……然而，问题是，这样的共产主义什么时候才能实现？正如马克思本人所预料到的，共产主义将是一种长期的运动，它的实现需要长期的历史进程。这样，问题就进一步转化为这样的问题：在这漫长的历史进程中，后发展国家是否必须一直在面对着这样一种世界市场的异己力量，面对着这样一种全球化的力量？在这种情况下，后发展国家如何应对？后发展国家难道眼巴巴地看着"英国的机器"夺去自己国家劳动者的饭碗，而无动于衷？

与马克思的回答不同，黑格尔则指出了另一条解决问题的道路。对黑格尔来说，他是一个乐观主义者，他认为克服德国软弱是国家的任务。

> 政府成员和国家官吏是中间等级的主要组成部分，全体民众的高度智慧和法律意识就集中在这一等级中。这个等级之所以不致占居贵族的独特地位，它的教养和才干之所以不致变成任性和统治的手段，是有赖于主权自上而下和同业公会根据自己的权利自下而上所做的种种设施。①

黑格尔把德国的落后状态设置在一个理想的模型当中，并试图通过依靠官僚来解决问题。黑格尔式的国家概念是现代国家完美的概念、理想的概念，它是伦理的最高实现。复制完美的黑格尔式概念，并非一种简单的复制。它首先要建构市民服务，建构现代经济和现代议会民主，最后才能建构一种现代社会。简而言之，黑格尔依赖官僚来解决国家的软弱和落后。②

2. 当李斯特遇到俾斯麦：德国的崛起

与马克思和黑格尔停留于抽象的哲学讨论不同，李斯特更强调从德国现实的国情出发，并试图为德国摆脱落后状态提供具体的解决方案。李斯特在

---

① ［德］黑格尔：《法哲学原理或自然法和国家学纲要》，范扬、张企泰译，商务印书馆 1961 年版，第 370 页。

② 参见 Bruce Cumings, "Webs with no Spiders, Spiders with No Webs: The Genealogy of the Developmental State", in Meredith Woo-Cumings edited, *The Developmental State*, Ithaca and London: Cornell University Press, 1999, p.72。

《政治经济学的国民体系》的序言中指出:“如果作者是英国人,那就几乎不会对亚当·斯密理论的根本原理有任何怀疑。作者最近在许多匿名论文中,最后又在署真名的长篇论文中展开与斯密理论相对立的见解,是祖国的实际状况使然。时至今日,作者还有勇气将这部著作公诸于世,重要也是由于德国的利害关系。”①因此,他写这本书是德国利益使然。他指出,经济学不能仅仅以现实经济生活中的现状和利益为依据,而且要从德国的利益出发,从德国的现实国情出发。李斯特正是“企图在德国,在各种各样不利的、落后的内外条件下(这些条件中也包括英国作为先进的资本主义国家与落后的德国相对立的形势)”来完成与斯密一样的课题。② 在李斯特等重商主义者看来,国家要强盛,一个统一的民族国家是首要前提,其次是以国家的力量来推动重商主义。

出于拯救德国的爱国情怀,作为重商主义代表的李斯特,他在《政治经济学的国民体系》中提出以国家力量培育市场,推进工业化,最终促进国民生产力的思想,试图为德国的赶超提供具体的发展思路。尽管,李斯特的思想在其有生之年没有得到德国国家的重视,反而在争论中自由理论占据了上风,但只有当后来的统治者,尤其是俾斯麦“捡起”李斯特的时候,德国才真正强大起来。可以说,只有从李斯特那里,我们才能回答这样的问题:正当1873—1896年这一世界经济大萧条之时,德国为什么不但没有像英、法那样遭受“大萧条”的影响,反而以惊人的发展速度超过了英、法这两个老牌的头等工业国?

在李斯特的深厚影响下,俾斯麦通过“铁和血”的强硬手段,不仅在政治上完成了德国的统一,而且在实践中形成了德国独特的现代化发展道路。首先,在“关税同盟”的基础上,俾斯麦统一了德意志民族,并取消了地方之间的

---

① 转引自[日]大河内一男:《过渡时期的经济思想——亚当·斯密与弗·李斯特》,胡企林、沈佩林译,中国人民大学出版社2000年版,第215页。

② [日]大河内一男:《过渡时期的经济思想——亚当·斯密与弗·李斯特》,胡企林、沈佩林译,中国人民大学出版社2000年版,第214页。

重重关卡,最终形成一个统一的国内市场。显然,这与李斯特强调通过国家力量来培育一个统一的国内市场的思想是分不开的。其次,以国家的力量推动国民经济的工业化和规模化。李斯特曾敏锐地指出:

> 国家所以能与文化比较落后的国家进行国外贸易,所以能扩大航运业,建立海军,所以能利用剩余人口,在开辟殖民地以后,进一步增进国家的繁荣和力量,都是由于工业的发展……国家建立了工业以后,一切精神力量、政府收入、国防事业的物质和精神手段以及国家独立自主的保证这些方面,都会作等比例的增长。①

正是在这种国家干预主义工业化思想的引领下,俾斯麦积极推进德国工业的国有化和规模化进程。比如,通过银行法,将原普鲁士银行改为帝国银行,通过邮政法国家集中掌握邮电建设的大权,并通过1873年创立的"帝国铁路局"来协调各所属铁路的建设、装备和营运等等。通过这种国有化进程,国家驾驭市场的能力得到增强,而邮电和铁路等行业也得到了空前的发展。在邮政方面,德国信印等数量从1850年的8590万件上升为1910年的702400万件;在电报方面,1870年,德国有电报机构2405个,电报线路81840公里,到1913年,电报机构则增加到了38509个,电报线路达到了1863600公里;在铁路方面从1870年的1.89万公里铁路线发展到1910年的5.9万公里。② 同时,俾斯麦政府还大力推动重化工业企业的发展和垄断企业的发展。在工业领域中,1871—1914年,德国的纺织业和木材加工企业的数量减少了38%,而电气工程、光学、精密机械、化学、交通工具制造等行业的企业却增加了52100个。③

最后,实施贸易保护主义。要利用保护贸易或关税政策来培育国内的

---

① [德]弗里德里希·李斯特:《政治经济学的国民体系》,商务印书馆1997年版,第180、180—181页。

② 数据参见邢来顺:《迈向强权国家:1830年—1914年德国工业化与政治发展研究》,华中师范大学出版社2002年版,第184—185页。

③ 数据参见邢来顺:《迈向强权国家:1830年—1914年德国工业化与政治发展研究》,华中师范大学出版社2002年版,第155页。

“工业力量”,以此构筑政策的中心,是李斯特著作中的一贯思想。李斯特较为客观地阐明了落后国家保护国内市场的合理性。他指出:“如果任何一个国家,不幸在工业上、商业上还远远落后于别国,那么它即使具有发展这些事业的精神与物质手段,也必须首先加强它自己的力量,然后才能使它具备条件与比较先进各国进行自由竞争。”①正是基于这种主张,1878 年 12 月,俾斯麦在排除了主张自由贸易的官员和民族自由党的阻挠后,宣布政府将为实行新关税政策寻求帝国议会的批准。1879 年 6 月,德意志帝国议会以多数票通过了新的关税法案。根据该法案,德国将对皮革、纸张、木制品以及某些金属和化学制品等多种进口产品征收进口税。此后,德国政府在 1885 年和 1887 年又两次调整关税,其中粮食进口税被大幅度上调。例如,在 1879—1887 年间,小麦和黑麦的进口税从每吨 10 马克升至 50 马克,大麦从每吨 5 马克增加到了 25 马克,面粉则从每吨 20 马克上升到了 105 马克。增长幅度之大可见一斑。②

在这种强有力的国家干预主义下,德国这一后发经济得到了空前的发展。单从工业增长的角度看,统一前的 1860—1870 年年均增长率仅为 2.7%;1870—1880 年,增长幅度则达到 4.1%;1880—1890 年为 6.4%;1890—1900 年为 6.1%;1900—1913 年仍达到 4.2%,其增长速度远远超过英法等国,仅次于美国。快速的工业增长使得后起的德国迅速赶上和超过老牌的资本主义国家,仅就工业生产而言,德国在 1874 年已超过法国,1895 年又超过了英国。③

---

① [德]弗里德里希·李斯特:《政治经济学的国民体系》,商务印书馆 1997 年版,第 5 页。当然,李斯特的贸易保护思想不是普适性的,而是某种特定情况下的权宜之计。他指出:“当它达到了某一富强阶段时,保护政策也仍然对它有利,因为它由此可以取得工商优势。但是当它的工业力量已经有了发展,已经处于优势地位时,保护政策就开始对它不利了”(参见[德]弗里德里希·李斯特:《政治经济学的国民体系》,商务印书馆 1997 年版,第 15 页)。

② 数据参见邢来顺:《工业化冲击下的德意志帝国对外贸易及其政策》,《史学月刊》2003 年第 4 期。

③ 参见邢来顺:《迈向强权国家:1830 年—1914 年德国工业化与政治发展研究》,华中师范大学出版社 2002 年版,第 137—138 页。

第一章　发展型国家及其基本逻辑

最早从整体上研究东亚经济奇迹的是从文化方面进行的。美国著名社会学家赫尔曼·卡恩(Herman Kahn)指出:"与更早的新教伦理相反,现代儒家的伦理方案是为了优秀地创造和培育忠诚、奉献、责任和信用,以及强化对组织及其在组织中角色的认同感。"①在很大程度上,"在现代社会,有意识的、有效的公共组织行为努力的这种能力比个人秉性更为重要"②。在这种意义上,这种强调和谐和家庭集体主义的儒家伦理更有利于现代社会和现代企业组织,因而比西方新教伦理更加适合于经济增长。嗣后,在整个 20 世纪 80 年代,"不管是在欧美还是东亚各国内部,不管是赞同还是反对,都试图在东亚战后经济成功与儒家思想之间找出某种直接联系"③。文化因素固然对社会经济发展具有重要影响,但是,正如罗荣渠指出的,文化"并不直接地、更不单独地对经济发挥作用,它在这个方面的作用始终限定在一定经济和政治条件与国际环境中"④。文化因素是悠久历史的沉淀物,它无法体现出随着历史环境而发生的种种变化和差异性。因此,儒家文化最多是东亚经济奇迹的一个有利条件,但它无法说明东亚奇迹为什么出现在 20 世纪下半叶。如此,这种

---

① Herman Kahn, with the Hudson Institute, *World economic development*: 1979 *and beyond*, Boulder, Colorado: Westview Press, 1979, p.122.

② Herman Kahn, with the Hudson Institute, *World economic development*: 1979 *and beyond*, Boulder, Colorado: Westview Press, 1979, p.121.

③ 董正华、赵自勇、庄礼伟等:《透视东亚"奇迹"》,学林出版社 1999 年版,第 146 页。

④ 罗荣渠:《现代化新论》,北京大学出版社 1993 年版,第 227 页。

以文化为核心的现代化理论的解读逐渐衰落，尽管对文化因素的强调仍然是历史制度主义的一个重要分析手段。

随后，一种以殖民主义和世界大战为核心的解释开始兴起，这种解释把东亚奇迹归因于该时期独特的国际历史背景。这种观点认为，战后时期东亚国家和地区面临的异同寻常程度的外来威胁，促使东亚经济的发展。由于经济上极端薄弱的资源基础和原材料的匮乏，安全威胁逐渐加剧，迫使它们努力发展经济。正如比尔·瓦伦(Bill Warren)指出的，殖民主义和新殖民主义是社会进步和变革的动力，阻碍第三世界发展的不是国外帝国主义，而是国内自身的矛盾。不发达不是因为受到了帝国主义的剥削，而是因为受剥削不够。新型工业化国家之所以成绩出色，是由于率先通过了与帝国主义的联系，获得了技术和资本。当工业化成功之后，本地民众和本地资本主义力量的增强，帝国主义最终会消失。[①] 约翰逊则认为，日本是"一个为战争而动员、但在和平时期从不复员的经济"[②]。而对韩国来说，正是日本殖民主义把日本发展模式移植到了韩国。[③] 尽管这种强调独特国际历史背景的解释具有某种片面性，但它却指出了东亚经济奇迹与其他地区经济发展的独特差异性，并为其他后发展国家应对新帝国主义提供了可喜的启示。

在20世纪70年代取得新进展的依附理论看来，在依附结构下，某些边缘地区国家能够走上工业化道路，主要得益于特定时期的国际政治结构和国内政治社会结构；在此结构中，依附国家可以策略性地利用国际劳动分工变化为边缘地区带来的各种机会，据此推动本国经济的发展。这种新观点虽然承认

① 转引自董正华，赵自勇，庄礼伟等：《透视东亚"奇迹"》，学林出版社1999年版，第147页。

② Chalmers Johnson, *Japan, Who Governs? The Rise of the Developmental State*, New York: W.W. Norton, 1995, p.10.

③ 参见Atul Kohli, "Where Do High-Growth Political Economics Come From? The Japanese Lineage of Korea's 'Developmental State'", in Meredith Woo-Cumings edited., *The Developmental State*, pp.93–136。

东亚出口导向型工业化的成功，但却坚持认为这种状况仍未摆脱对中心国家地区的依附，因为一种以劳动密集型产业为主导的出口型经济发展的空间是有限的，它无法将东亚经验推广到其他第三世界国家。而同时期兴起的新自由主义更是直接把东亚经济奇迹归因于政府市场干预的不断减少，归因于对经济的放松管制。① 而世界银行则持有一种“亲市场”的观点，《1991 年世界发展报告》指出，东亚的成功与有效的、谨慎的、有限的政府干预紧密相关，而不是像其他发展中国家那样过分地干预经济。② 因为，“政府在一种亲市场策略当中的恰当角色，确保了对人民的充分投资，为企业提供的一种竞争环境，国际贸易的开放，以及稳定的宏观经济管理”③。

对此，一些发展理论家直接批判了这种自由主义解释，指责这是一种“市场原教旨主义”④。这些发展理论家通过对东亚国家和地区经验的进一步考察，在扬弃现代化理论、依附理论和新自由主义等理论的基础上，形成了一种发展型国家理论范式。1982 年，美国加州大学政治学教授查默斯·约翰逊出版的《通产省与日本奇迹》一书，就是其中的代表性著作。约翰逊认为，日本信奉的政治经济学与“经济国家主义”或“新重商主义”的德国历史学派一脉相承。⑤ 约翰逊就是试图从这种“经济国家主义”视角阐明日本经济发展所依赖的独特制度结构。在对日本通产省历史和结构的考察中，他提出了“资本主义发展型国家”这一概念。在约翰逊的基础上，许多发展理论家开展了对

---

① 转引自董正华、赵自勇、庄礼伟等：《透视东亚“奇迹”》，学林出版社 1999 年版，第 147—149 页。

② 转引自 World Bank，*The East Asian Miracle*：*Economic Growth and Public Policy*，New York：Oxford University Press，1993，p.84。

③ World Bank，*The East Asian Miracle*：*Economic Growth and Public Policy*，New York：Oxford University Press，1993，p.84.

④ Alice H.Amsden，“Why Isn't the Whole World Experimenting with the East Asia Model to Develop?：Review of the East Asian Miracle”，*World Development*，1994，22(4)：pp.627-633.

⑤ [美]查默斯·约翰逊：《通产省与日本奇迹》，中共中央党校出版社 1992 年版，第 18 页。

东亚国家和地区发展经验的研究。韦德提出“有引导的市场”理论①,佩姆佩尔提出“发展型制度”②,珍妮·C. 奥伊提出“地方合作主义”③,以及米歇尔·罗里奥斯提出“作为一种道德雄心的发展型国家”④,等等。总而言之,在发展型国家理论的视野当中,发展型国家具有以下三种主要逻辑。

一、发展型国家的发展战略:经济发展主义和策略性的产业政策

“虽然一个国家有很多方面迫切需要发展,但是任何发展战略都应该先确定发展的轻重缓急。优先权的关键是要有次序意识,即有些事情必须优先解决。”⑤东亚经济被看作是经济发展主义的,在那里,东亚政治精英把经济发展定义为国家和地区的首要目标,并用一系列连贯的策略来实现它。这种经济发展主义⑥主要体现在以下三个方面。

(一)强烈的生产导向

首先,这种强烈的生产导向是以一种集体主义或民族主义方法论为前提的。新古典经济学的基础是方法论的个人主义,一直贬低国家的作用,没有把

---

① 参见[美]罗伯特·韦德:《驾驭市场》,吕建行等译,企业管理出版社 1994 年版。

② 参见 T.J.Pempel,“The Developmental Regime in a Changing World Economy”,in Meredith Woo-Cumings edited,*The Developmental State*,Ithaca and London:Cornell University Press,1999,pp. 137-181。

③ Jean C.Oi,*Rural China takes off:institutional foundations of economic reform*,Berkeley:University of California Press,1999.

④ 参见 Michael Loriaux,“The French Developmental State as Myth and Ambition”,in Meredith Woo-Cumings edited,*The Developmental State*,Ithaca and London:Cornell University Press,1999,pp. 235-275。

⑤ [美]斯蒂格利茨:《走向一种新的发展范式》,《经济社会体制比较》2005 年第 1 期。

⑥ 该部分关于生产导向和经济战略观等问题的诸多观点参见[美]高柏:《经济意识形态与日本产业政策:1931—1965 年的发展主义》,安佳译,上海人民出版社 2008 年版,第 27—53 页。

经济的一种集体行为或民族主义行为看作是一种与经济个体行为相对的一个概念。与此不同，东亚发展型国家更强调经济的集体主义或民族主义，它以民族国家作为一种分析对象，从制度上看待经济现象，强调的是民族国家怎样通过提高生产力来增加财富，而国家制定产业政策则是增加国民生产力的一个重要方面。日本的产业政策就体现了浓厚的民族主义色彩。高柏指出："从一开始，日本产业化就意在达到三个集体目标：'殖产兴业'、'富国强兵'以及'文明开化'。"①通产省前副大臣两角良彦（Morozumi Yoshihiko）指出："产业政策只能以主权国家为单位，根据可用资源来考虑。产业政策中诸如国家安全和提升国际竞争力的问题，都不能脱离主权国家共存的前提条件来考虑。"②约翰逊也指出："产业政策是经济民族主义的反映，而民族主义则被理解为优先照顾本国利益。"③肯尼斯·佩尔（Kenneth Pyle）揭示了日本经济民族主义的基础。④ 而理查德·塞缪尔斯在《富国强兵》一书中阐述了引导日本产业政策的"技术—民族主义"。也有学者指出，明治维新后，社会主义概念被引入日本从而取代了个人主义。而对日本人来说，社会一词听起来非常熟悉，因为社会是一个集体；而个人听起来却非常激进，因为个人主义经常被等同于自私。⑤

其次，这种生产导向更是建立在一种伦理经济的基础之上的。与新古典经济学宣称的价值中立不同，发展型国家则把经济看作是具有道德价值的。迈克尔·卢来克斯（Michael Loriaux）从一种更抽象的道德角度理解发展型国

① ［美］高柏：《经济意识形态与日本产业政策：1931—1965 年的发展主义》，安佳译，上海人民出版社 2008 年版，第 33 页。

② 转引自［美］高柏：《经济意识形态与日本产业政策：1931—1965 年的发展主义》，安佳译，上海人民出版社 2008 年版，第 32—33 页。

③ ［美］查默斯·约翰逊：《通产省与日本奇迹》，中共中央党校出版社 1992 年版，第 27 页。

④ Kenneth B.Pyle, *The Japanese question: power and purpose in a new era*, Washington, D.C.: AEI Press, 1996.

⑤ 转引自［美］高柏：《经济意识形态与日本产业政策：1931—1965 年的发展主义》，安佳译，上海人民出版社 2008 年版，第 33 页。

家,把它看作是一种推动经济发展和促进国家利益的道德雄心。① 这样一种思想直接受到了德国历史学派的影响。约翰·内维尔·凯恩斯这样描述德国历史学派的特征:

> 德国学派自称是伦理的,它把政治经济学看作一个很高的伦理目标,认为政治经济学应该关注人类生活的最重要的问题。政治经济学不能仅仅分析产生经济行为的各种动机,也应该评价它们的伦理价值的高低。政治经济学应该确定一种好的财富生产和分配的标准,使得公正与道德的需要被满足。它还必须提出一种经济发展的理想,这种理想包括了物质的生活,但更重要的是精神和道德的生活。政治经济学还应该讨论实现理想的方法和手段,诸如端正思想动机,普及经济生活中的良好规范和健康习惯,以及政府的直接介入等。②

所以,在发展型国家,实现生产最大化、提供生产率、实现产业的赶超战略被认为是一种公共利益,而私人公司追求短视的利润以及公民个人的消费则被认为是自私的。在这种思想的指引下,第二次世界大战后东亚发展型国家普遍认为,国家能从经济萧条中存活的唯一方法就是实现生产的最大化。因此,发展型国家更关注生产率的提高和投资对生产的促进,而不是通过刺激公民消费来拉动经济发展,这与拉美进口替代高消费刺激方案具有明显的差别。在这种体系中,"经济人被政治人所取代,政治人进行经济活动的动力是集体的而非个体的"③。因此,通过提高生产率和增加投资来推动整个民族经济发展的集体主义取代了以消费和追求个人利益最大化的个人主义。这种经济观

① 参见 Michael Loriaux,"The French Developmental State as Myth and Ambition",in Meredith Woo-Cumings edited,*The Developmental State*,Ithaca and London:Cornell University Press,1999,pp. 235-275。

② [英]约翰·内维尔·凯恩斯:《政治经济学的范围与方法》,党国英、刘惠译,华夏出版社 2001 年版,第 13 页。

③ [美]高柏:《经济意识形态与日本产业政策:1931—1965 年的发展主义》,安佳译,上海人民出版社 2008 年版,第 36 页。

点直接可以追溯到德国历史学派李斯特关于生产和消费关系的观点，他认为生产是国家力量的基础，消费则会削弱这种力量。李斯特指出：

> 财富的原因与财富本身完全不同。一个人可以据有财富，那就是交换价值；但是他如果没有那份生产力，可以产生大于他所消费的价值，他将越来越穷。一个人也许很穷；但是他如果据有那份生产力，可以产生大于他所消费的有价值产品，他就会富裕起来……由此可见，财富的生产力比之财富本身，不晓得要重要到多少倍；它不但可以使已有的和已经增加的财富获得保障，而且可以使已经消失的财富获得补偿。个人如此，拿整个国家来说，更是如此（例如，国家是不能仅仅靠收租过日子的）。①

东亚发展型国家选择这种强调生产的经济学，在很大程度上也源自东亚国家和地区历史上处于世界力量中的弱势而产生的“普遍焦虑”。理查德·塞缪尔斯认为，正是一种每天都刺激着日本人的军事和经济的“不安全”感迫使日本政府和国民接受与采取了这种经济体系。而高柏进一步指出，“这种‘普遍焦虑’因 1931—1945 年战争期间日本人普遍存在的民族危机和外部威胁而被放大，这种情况从根本上改变了日本人在经济目标上的最终偏好”②。

总之，这种要在复杂的环境（不管是直接战争的威胁，还是冷战的紧迫气氛）下生存和发展的压力，迫使东亚国家和地区把经济思想的分析单位从个体和社会阶级变成了民族国家，其经济偏好也从个人消费和股东利益转向了国家的生产能力。这些国家和地区在新的世界局势下，让私营公司遵循新的经济伦理，即公益原则替代利润原则，从而把有限的资源集中在促进国家和地区生产能力的产业之上。

---

① ［德］弗里德里希·李斯特：《政治经济学的国民体系》，商务印书馆 1997 年版，第 118 页。

② ［美］高柏：《经济意识形态与日本产业政策：1931—1965 年的发展主义》，安佳译，上海人民出版社 2008 年版，第 37 页。

(二)以策略性产业政策为核心的经济发展观

新古典经济学将经济视为由市场这只看不见的手所控制的自然体系,在这一体系中,供需之间将自动达到均衡,它是自发秩序的,不应该受到政府的干预。哈耶克甚至认为,自发出现的市场经济秩序,是社会经济自发进化过程的最新进展,是迄今为止人类社会出现过的最有效率的一种经济结构体系。在哈耶克看来,因为这种秩序赋予了经济主体以拥有活动的私域和经济自由,所以这种秩序比其他经济秩序(尤其是集中性的计划经济秩序)更具有效率优势。与此相反,发展型国家将经济看作是一个开放的体系,政府可以干预甚或操控其运行。它认为,工业化是一项社会集体工程,它可以通过明确的赶超战略来完成,而这种赶超战略的实施过程则是可以由政府计划或导向的。同时,东亚发展型国家选择了外向型的经济发展道路。但是,与古典经济理论强调通过自由贸易促进经济福利的增加不同,发展型国家理论更注重通过产业结构的改变来促进经济福利的增加,所以,发展型国家的产业政策是其发展主义意识形态的主要载体。伊藤元重(Ito Monoshige)这样描述日本的产业结构与贸易结构的关系:"日本从国际贸易中获得的经济利益的多少,取决于日本与其贸易伙伴国的贸易结构,也就是说,要由日本进出口的种类和数量来决定。反过来,贸易结构又是由日本的产业结构决定的,而产业结构依赖于技术、生产设备和生产要素禀赋。"①因此,日本等发展型国家和地区企图通过政府对产业结构的战略性干预,来达到国际贸易中的利益最大化。另一位时任日本高官也这样形象地描述日本策略性产业:

> 通产省决定建立这样一种日本工业,它需要密集的资金和技术,而那些基于比较成本考虑的产业是不适合日本的……就短期静止的观点而言,对这些产业的鼓励似乎是违背经济理性的。但是,从长远的眼光看,

① 转引自[美]高柏:《经济意识形态与日本产业政策:1931—1965年的发展主义》,安佳译,上海人民出版社2008年版,第39页。

> 这些产业正是需求的收入弹性高、技术进步快、劳动力生产率提高快的产业。明确的是，没有这些产业，它将很难让拥有一亿人口的日本充分就业，并且把他们的生活水平提高到只有轻工业的欧美那样的水平。不管是对是错，日本不得不拥有这些重化工业。幸运的是，由于好运和必要的智慧，日本能够把它稀缺的资源集中在策略性产业。①

韦德和怀特也类似地描述韩国的产业策略：

> 它们必须出口以挣取足够的外汇来承担进口费用，而这些进口是它们产业结构升级以及克服小规模国内、地区内市场局限性所必需的。同时，它们感觉到不能够让它们的经济专门根据当前的比较优势来运行。一个证明它们是对的例子是，没有任何一个现存工业化国家允许它们这种发展类型专门根据这种比较优势运转。工业化国家显然超前于理查德式（Ricardian）的不同投资（生产和出口部门）的互惠。第二次世界大战后，工业化国家之间的贸易发展具有压倒性的是部门内的贸易，而不是部门间的贸易。一个时常自加于中国台湾地区和韩国管理者身上的讥讽是，在一个地区范围内，如果基于理查德式的比较优势来安排经济，那么整个国际贸易制度就会陷入困境：比如，欧洲和北美工业化国家，以及……韩国这样的新兴工业化类型之间。在西方，认为它们受到了廉价劳动产品进口伤害的所有集团都游说政府对它们进行保护。要求……韩国政府的领导人要比现在的情况还专注于根据比较优势来安排经济，或者加强商人的决定权，似乎是一种有利于盈利的建议，但是对于这些国家和地区的管理者来说，只不过是要把经济变得更容易受到伤害而已。②

因此，产业结构是发展型国家产业政策最重要的组成部分，“它涉及一个

① 转引自 Gordon White，Robert Wade，“Developmental States and Markets in East Asia：An Introduction”，in Gordon White Edited，*Developmental States in East Asia*，London：Macmillan Press，1988，p.6。

② Gordon White，Robert Wade，“Developmental States and Markets in East Asia：An Introduction”，in Gordon White Edited，*Developmental States in East Asia*，London：Macmillan Press，1988，p.8.

国家全部生产行业中农业、采矿业、制造业和服务业各自所占的比例。在制造业内部,它又涉及轻、重工业和劳动力密集型、知识密集型工业各自之间的比例”①。发展型国家的产业结构表现为三个重要的特点。

第一,主张重工业的发展。在日本,这种强调重工业发展的产业思想首先产生在两次世界大战期间。在这一时期,经济思想与战争意识形态密切相关。第一次世界大战期间主要工业国家进行的国民动员,极大地拓展了日本人对现代战争的理解,经济与国防关系的讨论日益成为当时日本理论家的热门话题,总体战争理论日益主导着日本经济思想,它强调战争与经济之间的密切联系。面对即将展开的军事战争,经济思维和策略从和平时期转向战时经济成为首要任务。为了动员整个经济为战争作准备,德国和日本政府根据军事需要安排产业发展,将产业和公司分为不同的等级,对在国防上具有战略意义的重工业产业给予资源分配等方面的支持。如果说第一次世界大战期间民用品生产向军需生产的转换是自然发生的,那么在第二次世界大战期间,这种转换则是通过政府计划强制实施的。当时的日本政府明确指出:“没有重型机械、汽车、拖拉机和现代化学工业,没有金属行业中的先进技术和精密加工的培训,一个国家经济将完全没有生产先进武器的基础……如果没有产业结构的快速升级,就不可能建构日本军需品生产体系。”②由此,在第二次世界大战期间,日本政府将整个日本国民经济组织成以重工业为中心的军需品生产体系。尽管这是战争形成的生产体系,但这种重工业体系对战后日本经济仍具有战略性意义:一方面,这一厚实的重工业产业基础为日本战后经济的腾飞起到关键的作用,因为战时在机械、化学和运输业形成的生产力,为战后重化工业的进一步发展提供了坚实基础。另一方面,由于重化工业在国际贸易中比其他

① [美]查默斯·约翰逊:《通产省与日本奇迹》,中共中央党校出版社 1992 年版,第 29 页。

② 转引自[美]高柏:《经济意识形态与日本产业政策:1931—1965 年的发展主义》,安佳译,上海人民出版社 2008 年版,第 40 页。

产业具有更多的附加值,所以它在日本外向型经济中仍扮演着重要的角色。

第二,国家对产业发展的战略干预。新自由主义者把新兴市场经济发展的主要原因归结为私有市场的发展。例如,弗里德曼指出:“远东地区,马来西亚、新加坡、韩国、中国台湾地区、中国香港特别行政区还有日本,这些国家和地区都曾广泛地依靠私人市场来发展经济,因而都很繁荣……相比之下,印度、印度尼西亚等都是严重依赖中央计划的国家,这些国家都是经济停滞和政治压制并存。”①应当说,这一提法虽然有一定启发意义,但将市场自由和政府调控截然对立起来了,采用的仍是一种二元论的片面方法。韦德提出了东亚工业化的一个管制市场理论,这是对新古典主义“自由市场”或“模拟市场”(simulated markets)的替代。管制市场理论是对约翰逊发展型国家模式具体化的一种尝试。它反对新古典主义对东亚发展的不同解释。这种理论认为,东亚经济杰出的表现很大程度是高水平投资的结果,政府支持的行业的投资要比那些缺乏政府支持的行业的投资要多。如此,政府就有意识地培养出某些具有竞争力的行业,并通过这些行业带动全国经济的快速发展。② 阿姆斯登把韩国定义为一个引导型市场经济,在那里市场理性由工业化的优先性限制着。政府在驯服国内和国际市场力量并使之服从国家经济利益当中扮演着重要角色。与以目前比较优势为基础的利益最大化相反,快速工业化本质上是最重要的考虑。国家对某些被选拔的行业进行大量补贴和严格管理,最终把这些行业推向国际竞争。然而有趣的是,优先性考虑之外的一些工业部门只是间歇地受到政策的干预,剩下的工业在没有任何帮助(如国家补贴)的情况下被无情地抛向残酷的市场竞争之中。因此,高度的挑选性是工业政策的重要特征。为了在不管其他经济发生什么事情的情况下,保证战略性部门有足够的投资,国家保留着足够的控制手段。如此,市场由国家精英构想的“更

---

① [美]米尔顿·弗里德曼、[美]罗丝·弗里德曼:《自由选择》,机械工业出版社 2008 年版,第 55 页。

② 参见[美]罗伯特·韦德:《驾驭市场》,企业管理出版社 1994 年版,第 18—24 页。

长期的投资理性”(the longer-term rationality of investment)这个概念引导着。更甚之,国家提供了一个稳定的和可预测的环境,在那里公司可以承担长期的风险。选择战略性行业的基本标准包括世界市场需求的高收入弹性(high incomes elasticities of demand in world markets)、技术快速进步的可能性和劳动生产力的增长。① 国家对工业政策的干预是发展型国家普遍具有的特征,但是“国家的主要方面是提供这样一种景象,可以使经济免受因不确定性和破碎性而导致的对均衡的破坏,避免经济行为者共同利用经济外部性,为此目的建立必要的制度,并且调解这个过程中产生的冲突”②。

第三,发展型国家通过各种手段达到它对产业发展的战略性干预。一是创造价格扭曲(price distortions)以引导经济的高投资行为。因此,与新古典主义发展理论截然不同,为了期望的投资水平能够在战略性部门中实现,一种高程度的扭曲相对价格的政府干预出现了。政府强加给经济行为的原则构成工业策略的一个重要组成部分。为了回报政府的补助,政府对(经济行为)有着严格的行为要求。这个原则在策略性部门内的公司行为中实施的结果是,价格的扭曲——比如长期信贷津贴的高利息——没有像在许多其他中等经济收入的国家那样导致资源的浪费。施加在私人公司的原则包括对好行为的奖励和对坏行为的惩罚。政府故意克制不要让那些本来可以盈利但却管理不好的公司破产。因此,这种工业政策形式与西欧国家消极工业政策形式是截然不同的,它包括对面临财政困难的衰退中的公司或行业进行津贴。③ 二是通过行业许可证政策以限制进入某一行业的公司的数量。这种政策有助于适当比例经济的实现,同时也鼓励现在行业公司在市场中的激烈竞争。三是国家有意促进工业集中化进程,以此作为在国际市场成功竞争的基础。因此,清楚的

---

① Ziya Onis,“The Logic of the Developmental State”,*Comparative Politics*,1991,24(1),p.112.

② Sean O.Riain,“Putting Developmental States in Their Time and Place”,*International Studies Review*,2000,2(3),p.151.

③ Ziya Onis,“The Logic of the Developmental State”,*Comparative Politics*,1991,24(1),pp. 112-113.

是，东亚型工业政策如果没有相关的东亚型竞争政策将是没有意义的。在国家影响和指导下，大量的多样的经济群体、家族式企业（财阀）（Chaebols）发展起来。比如，在日本，为了与外国公司竞争，日本公司不得不组成一个产业体制，这一产业体制不仅协调资本投资并梳理好每一行业的分配系统，也要鼓励日本大公司进行兼并以扩大规模经济。虽然所有这些措施都与《反垄断法》相抵触，但是在政府的支持下，这些措施仍然被执行。因此，关联公司集团成了新一轮发展的主角，并成为国际竞争中的重要角色。① 四是严格的金融管制。国家对固定资产账户（capital account）进行了广泛的限制。国外流动资本（liquid capital）的迁移和移转也受到严格控制。金融体系的规章代表着韩国工业政策的核心。直到目前，所有的商业银行由政府所有和控制。政府对金融体系的严格控制，隔绝了寻租行为的可能性，把家族式企业（财阀）的注意力转向资本的积累。五是一个良好的技术政策也是政府更广泛的工业策略的一个组成部分了。通过引进国外技术资格（foreign license）和技术帮助来获得技术。大量的国外技术资格的进口已经构成获得技术独立性的主要原则。由于日本、韩国经济的资本内流和技术转换的方法，直接外国投资也就扮演着相对有限的角色。六是财政对产业的直接投资或补贴。财政预算几乎专门直接投向长期投资，比如国家对教育和人力资本大力投资。此外，从阿姆斯登（Amsden）研究中得出的洞见是国家不仅补贴工业以刺激发展，而且以补贴为交换条件制定严格的行为准则。因此，政府对行业制定的规则是严格的，并且这种支持和规范的双重政策构成日本—韩国型工业政策的核心组成部分。在这里，东亚国家、地区和许多对行业进行津贴的中等经济收入国家有着重要的差异。因为后者不能够把津贴和对行业行为的规范结合起来，这些行业津贴

① ［美］高柏：《经济意识形态与日本产业政策：1931—1965 年的发展主义》，安佳译，上海人民出版社 2008 年版，第 28—29 页。

已被证明是反生产的,并且表现为寻租行为的一个主要渠道。[①]

(三)东亚的发展型福利政策

东亚新兴工业化国家和地区独特的发展型福利模式,不仅是该地区独特儒家文化的产物,更是发展型国家和地区经济发展意识形态的必然要求。正如约翰逊指出的,在东亚国家和地区,“由发展、生产力和竞争力定义的经济发展,构成了国家优先考虑的目标”,它“通过对任何平等和社会福利不作出承诺,避免了目标冲突”。[②] 伊恩·霍利戴(Ian Holliday)称之为“生产主义的福利资本主义”(Productivist Welfare Capitalism),明确指出东亚社会政策屈从于经济政策、服务于扩大再生产投资的实质。[③] 戈登·怀特(Gordon White)和罗格·戈德曼(Roger Goodman)则将东亚福利模式置于东亚发展型国家的理论背景之下,直接称之为“发展型福利制度”(Developmental Welfare Systems)。他们指出发展型福利模式是发展型国家促进经济增长的一个重要策略选择,发展型社会政策服务于国家主导的产业政策和工业化进程,表现出低水平的税收与公共支出、小规模的公共福利官僚机构以及敌视西方福利国家二次分配原则等特征。[④]

在这种模式下,东亚国家和地区鼓励市场与家庭提供某种程度的社会福利旨在增强社会的生产力要素。例如,从 1960 年到 1987 年,韩国福利制度是这样一种发展型制度:它的社会政策以一种可以兼容发展的方式存在。为了发展经济,它强调人力资本的开发,社会部门被置于经济企划院(EPB)

---

① 转引自 Ziya Onis,“The Logic of the Developmental State”, *Comparative Politics*, 1991, 24(1), p.113。

② Ziya Onis,“The Logic of the Developmental State”, *Comparative Politics*, 1991, 24(1), p.111.

③ 参见 Holliday, Ian,“Productivist Welfare Capitalism: Social Policy in East Asia, *Political Studies*, 2000(48), pp.706–723。

④ 参见 Gordon White, Roger Goodman,“Welfare orientalism and the search for an East Asian welfare model”, In R.Goodman, G.White, H.Kwon, (eds), *The East Asian Welfare Model: Welfare Orientalism and the State*, London: Routledge, 1998, pp.3–24。

的从属地位。[①] 又如,1961 年,韩国通过了第一个社会福利计划工业事故保险(Industrial Accident Insurance),它的通过主要归因于,这一保险制度可以为产业工人提供社会保障,并降低雇员在工业化过程中的经济不稳定性,从而保证经济的持续稳定发展。1973 年,国家卫生保险计划和国家退休金计划的实施,其出发点也是经济增长的优先地位。因为,这一计划被看作是动员经济发展所需资本的一种有效措施。[②] 在这样一种政策模式下,在 1997—1998 年危机爆发以前,经济实用主义者一直主导着东亚国家和地区社会政策的制定,而旨在关心社会市民关系和社会保障的"福利理想主义者"则一直处于被排斥的地位。韩国的社会保障委员会就是这种福利理想主义者的典型代表。它在 20 世纪 60 年代韩国福利事业的发展中起到重要的作用,但它的作用随后就迅速被边缘化了。而在日本,不管是 1947 年失业保障法和 1950 年生活保障法,还是 1961 年一种新卫生保险的实施,也都是基于经济实用主义的考虑,而不是基于公民福利权利的考虑。[③]

这种发展主义的福利政策主要通过追求一种工作福利策略得以实现。这种工作福利主要表现为如下三种特点:第一,限制劳动力成本。一种具有竞争力的劳动力成本是东亚外向型工业化的一个重要前提,为了保持这种竞争力,东亚政府在赶超阶段一般都通过权威手段压制各种劳工运动。第二,大力投资人力资本。早在 60 年代和 70 年代对人力资本的研究中,不管是加里 · S. 贝克尔(Gary S.Becker),还是弗雷德里克 · H. 哈宾森(Frederick H.Harbison)都认识到,人力资本投资不仅对个人而且对整个社会都有着高回报率。[④] 高

---

① 参见 Chang-sik Shin,Ian Shaw,"Social Policy in South Korea:Cultural and Structural Factors in the Emergence of Welfare",*Social Policy & Administration*,2003,August,37(4),p.335。

② 参见 Huck-ju Kwon,"Welfare reform and future challenges in the Republic of Korea:Beyond the developmental welfare state?",*International Social Security Review*,2002,55(4),p.25。

③ 参见 Aspalter C.,"The East Asian welfare model",*International Journal of Social Welfare*,2006,(15),p.292。

④ 参见 Gary S.Beker,*Human Capital:A theoretical and empirical analysis with special reference to education*,New York,Columbia University Press,1964;Frederick H.Harbison,*Human Resource as the Wealth of Nations*,New York:Oxford University Press,1973。

投入的教育投资是东亚经济奇迹的另一重要因素。尽管东亚赶超阶段的社会支出占政府支出的总比例不高,但是相对于它弱小的福利国家和地区而言,它的教育支出却是惊人的。数据显示,在20世纪70年代和80年代,教育支出占总中央财政支出的比例,韩国为15.86%和18.65%。① 第三,提高作为确保劳动力再生产手段的个人储蓄。这种高储蓄率,一方面,在国家社会福利缺位的前提下,有利于劳工阶层自我应对社会风险,缓解社会不确定要素所带来的个人危害,从而确保了劳动力再生产的良性循环。另一方面,高储蓄率也是保证高投资率和高经济增长率的直接推动要素。

这种发展主义的福利政策还表现为它的选择主义特征。社会政策模式可分为普遍主义与选择主义两种。在前一模式中,国家向具有公民身份资格的所有公民提供高度制度化的社会福利和服务,以北欧福利国家为代表。在后一模式中,国家有针对性的向某些群体(主要是弱势群体)提供经济调查式的社会救助和作用有限的社会保险,以英美为代表。在第二次世界大战后,东亚国家和地区普遍采取了选择主义的社会政策模式。但与自由主义福利模式不同的是,家庭中心主义正是这种选择主义得以实施的文化基础。

首先,这种选择主义表现为东亚政府低水平的社会支出和福利覆盖面。1955年到1975年日本经济高速增长,但政府用于社会福利的支出仅占国民生产总值的2%。② 1980年,日本福利支出也只占中央财政总支出的18.8%,③而在整个20世纪80年代,韩国社会支出占中央财政总支出的比例为27.96%,远远低于其他发达国家的支出水平。④ 韩国在1981年和1984年

---

① 参见 Aurel Croissant,"Changing Welfare Regimes in East and Southeast Asia:Crisis,Change and Challenge",*Social Policy and Administration*,2004,38(5),p.508。

② 参见 Holliday,I.,"Productivist Welfare Capitalism:Social Policy in East Asia,*Political Studies*,2000(48),p.711。

③ 参见 *Japan Statistical Yearbook* 2008,见 http://www.stat.go.jp/english/data/nenkan/index.htm。

④ 参见 Aurel Croissant,A.,"Changing Welfare Regimes in East and Southeast Asia:Crisis,Change and Challenge",*Social Policy and Administration*,2004,38(5),p.508。

的国家卫生保障覆盖率仅为 29.69%和 42.38%。其次，它表现为福利向高收入阶层的倾斜，大部分商业部门和国家部门的工资收入者是得益于社会福利计划的主要群体。① 在东亚，由于其独特的发展型策略，扶持重点产业政策成为这种发展策略的重要组成部分。而对重点产业的扶持则易于形成一种以公司为中心的选择主义的社会保障体系。这种保障体系并没有覆盖到真正需要帮助的底层市民，相反，它专注于扩大那些已经在经济发展中受益人群的福利，比如政府人员、士兵、教师。在某种程度上，有一种极端的看法甚至认为，它以牺牲穷人的利益为前提，从而进一步把社会资源转移到富人阶层。② 最后，以亲缘群体成员之间的互助为主要方式的家庭福利机制也是选择主义的重要机制。比如，在老龄人社会保障方面，1994 年的韩国老人收入的 44.3%来源于家庭内部的资金转移。教育和医疗卫生支出结构上，韩国 1998 年私人教育支出仍占到总教育支出的 43.9%；韩国 1997 年私人卫生支出占到总卫生支出的 59%。③

儒家的家庭中心主义是东亚地区的这种选择主义福利模式得以实施的文化基础。新儒家思想通常被看作是东亚经济成功的文化因素，对教育的强调、牢固的家庭关系、慈祥的家长主义、社会和谐、对传统的尊重等被看作是影响东亚国家福利制度设计的关键要素。④ 在东亚崛起进程中，尽管以大公司为基础的福利制度得到发展，但仅仅依靠私人部门的福利无法充分消解工人面临通胀和不断增长的人类寿命所带来的生活风险。相反，大多数的家庭及其成员的社会保障则通过代际和代内的共同分担和个人收入转移来提供。正是

① 参见 Kwon，H.J.，“Advocacy Coalitions and the Politics of Welfare in Korea after the Economic Crisis”，*Policy & Politics*，2002，31（1），p.72。

② 参见 Woo，M.S.，“Explaining Early Welfare Policies in South Korea：Focusing on the Nexus between the State and the Business Sector”，*Development and Society*，2004，33（2），pp.202-203。

③ 参见 Aurel Croissant，A.，“Changing Welfare Regimes in East and Southeast Asia：Crisis，Chang and Challenge”，*Social Policy & Administration*，2004，38（5），pp.512-515。

④ 参见 Shin，C.S.，Shaw，I.，“Social Policy in South Korea：Cultural and Structural Factors in the Emergence of Welfare”，*Social Policy & Administration*，2003，August，37（4），p.338。

因为家庭承担了诸多的福利功能,从而使得国家缺位的、以大公司为中心的选择主义福利得以实施。

在这种策略指导下,政府通过各种手段引导劳工阶层建立各种自我保护机制,政府不但能够减少对工人的社会保障支出,而且能够保持一种相对稳定的劳资关系,增强工人对工作的经济依赖,从而促进东亚在赶超阶段经济持续快速的发展。

二、善于“结网的蜘蛛”:发展型国家紧密的公私合作

约翰逊指出,在日本,政府和私人企业之间建立和保持了良好的合作关系。在这种关系中,企业家不承受单独追求企业短期经济效益的压力,因而有足够的余地考虑国家长远利益。① 在对这种公私合作关系作出详尽考察后,他更是断言:日本、韩国经济成就都依赖于官僚机构与企业之间紧密的合作。② 康普斯(Campos)和洛特(Root)也认为亚洲奇迹的关键是铸造了一个“共享发展”的契约。这个契约把商业、劳动力、消费者和政府联合在一个合作计划中,从而确保了发展策略的成功。③ 韦德认为,正是一种“阶级合作主义”为东亚国家指导市场提供了基础。④ 而萧新煌更是指出:“这种政府与社会的辩证关系的性质与发展结果,将在很大程度上决定东亚新型工业化国家和地区未来调整其资本主义发展管理的方式。”⑤

---

① 参见[美]查默斯·约翰逊:《通产省与日本奇迹》,中共中央党校出版社 1992 年版,第 323—325 页。

② 参见[美]查默斯·约翰逊:《政治制度和经济运行:日本、南朝鲜和台湾的政府与企业之间的关系》,载[美]弗里德里克·C.戴约等:《东亚模式的启示——亚洲四小龙政治经济发展研究》,王浦劬译,中国广播电视出版社 1992 年版,第 139—174 页。

③ 参见 Sherry Gray,“The Developmental State as (Non) Replicable Model”, *Mershon International Studies Review*, Vol.41, No.2. (Nov., 1997), p.298。

④ 参见[美]罗伯特·韦德:《驾驭市场》,企业管理出版社 1994 年版,第 22—23 页。

⑤ 萧新煌:《东亚的发展模式:经验性的探索》,载[美]塞缪尔·亨廷顿等:《现代化:理论与历史经验的再探讨》,上海译文出版社 1993 年版,第 414 页。

事实上，东亚公私合作与施密特等人提出的合作主义(Corporatism)[①]理论有着紧密的关系。菲利普·施密特认为："合作主义可以被界定为利益代表的一种体系，它由一些单一的、义务性的、非竞争的、层级有序的、功能有别的有限团体组成，这些团体由国家认可并被赋予在其同行中的垄断的代表权，以此为交换，国家对其领导人选择、需求和支持的表达实行一定程度的控制。"[②]具体而言，合作主义具有以下特点：1. 国家具有重要地位，它合法参与经济决策，主导工业发展方向；而社会参与则以行业划分的功能团体形式，它们互相承认对方的合法性资格和权利，并相互协调制定有关政策；2. 合作主义的要务是有序地将社会利益组织、集中和传达到国家政策体制中去，因而它主张促进国家和社会团体的制度化合作；3. 获批准的功能团体对相关的公共事物有建议、咨询责任，同时在决策完成后有执行的义务，它还应把本集团成员完好地组织起来，限制他们的过激行为；4. 各种组织和行业之间的竞争是有组织的竞争；5. 作为交换，对各种团体和行业，国家有不同程度的控制；等等。[③] 也正如戈尔哈德·雷姆布鲁赫(Gerhard Lehmbruch)指出的，合作主义同样十分关注公共政策的独特形成方式："合作主义不仅是各种利益表达的一种独特形式，同时，它也是政策形成的一种制度化形式。在这种制度形式中，大利益组织之间以及与公共权威之间，不仅在各种利益的表达(甚至在调停方面)方面，而且在……价值的权威分配方面和这种政策的实施方面，进行合作。"[④]也有些学者把合作主义限定为一种特定的劳资关系模式，然而，这种理解模式通常被西方学者们认为过于狭窄。一种更为全面把握这种公私关系的合作主义概念，应该涉及"协商式社会经济政策调控的部分政治实践"，既

① Corporatism 也有人译为法团主义、组合主义、社团主义等。

② Phillippe C.Schmitter, "Still the Century of Corporatism?", *Review of Politics*, 1974, 36(1).

③ 张静：《法团主义——及其与多元主义的主要分歧》，中国社会科学出版社 1998 年版，第 24—25 页。

④ 转引自 Lucio Baccaro, "What is Alive and What is Dead in the Theory of Corportism", *British Journal of Industrial Relations*, 2003, 41(4), p.685。

包括“劳动”利益关系，又包括“资本”利益关系；既包括“国家层面”，又包括“产业部门层面”。①

起初，这种合作主义是第二次世界大战后欧洲国家为了适应新形势而提出来的一种新的国家发展战略。战后欧洲社会面临着诸种新形势，比如美国资本主义竞争力的迅速增长导致欧洲世界中心地位的衰落等。这些新形势刺激了欧洲人开始反思自由主义国家发展战略的影响。他们开始认为，自由主义不能保护欧洲国家自身的利益，反而有利于竞争者的发展。为了降低美国统治世界的能力，限制它的自我膨胀，欧洲人提出，需要在内部作出促进联合、一致、协力的政治安排，以便在整体上减低美国扩张给欧洲带来的不利限制。于是欧洲修正主义开始兴起，它要求在传统自由主义体系中镶嵌新的内容，即在推动经济社会发展等方面应该适度接受国家的作用。人们发现，在国际贸易方面，接受国家的作用有助于解决稳定物价和巩固政权等问题，而阶级合作则更能促进收入提高和经济机会的出现，从而提高国家处理危机的整体实力。这些发现促进了国家干涉主义和保护主义意识在欧洲的增长，自我保护的政治联合开始出现，它们开始寻求增进欧洲整体实力和收益、有利于自我保护的机制，以应对市场的随机性。合作主义结构正是对这一转型作出的反应，它企图在政治整合结构方面对传统自由主义进行修正。②

与欧洲合作主义兴起不同，东亚合作主义的兴起具有其独特的历史背景。如果说欧洲的合作主义是在自由主义视域引进了国家，那么东亚的合作主义则是在“权威主义”或者国家主义当中引进了市场和竞争。尽管，国家曾一度被西方哲人贬斥为以自由为牺牲品的怪兽“利维坦”，然而，东亚发展的成就是市场、社会和“国家”交互作用的产物——而国家无论在东亚社会变迁和经济发展中更是起到至关重要的作用。东亚传统的社会和政治经济结构是一种

① 参见［荷］耶勒·费舍、［荷］安东·黑姆耶克：《荷兰的奇迹：荷兰的就业增加、福利改革、法团主义》，张文成译，重庆出版社2008年版，第58—59页。

② 参见张静：《“法团主义”模式下的工会角色》，《工会理论与实践》2001年第1期。

家庭“权威主义”结构,“国”和“家”是社会政治经济运转的主轴,但西方资本主义市场经济在此地区的发展,却不仅打破了这种传统社会演进的进程,而且改变了原有的国家结构:一种自由市场竞争的原则被引进了“权威主义”体系当中,一种仍以国家主导的合作主义发展模式得以形成。这种合作主义在东亚主要表现在以下几个方面。

(一)政企之间的紧密合作

约翰逊指出,政治精英致力于干预经济的而又与“市场吻合”的方法是资本主义发展型国家模式中不可或缺的因素。而利姆·扬金谈则指出,韩国政府计划、目标确定和激励措施是“市场保持而不是市场抑制”。利姆进一步指出,市场不一定自然产生,不发达国家最一般的特征之一就是市场的不发达,所以一个国家致力于发展,必须首先发展市场体系。① 这样一个国家发展的逻辑就由两个相互作用的体系构成,一个是致力于发展目标的公共体系,另一个是致力于利润最大化的私人体系。公共体系的优势在于有效地控制分散的私人决策过程的输入,以便实现发展目标,而私人体系的优势则在于使利润最大化,限制风险,实现在某种政治经济环境中的稳定增长。但是,它们都具有自身的缺陷,比如前者缺乏足够的灵活性以应对市场无常的变化,而后者则因过于分散难以形成集中效应。因此,一个国家发展战略的成功关键在于处理好这两者的关系。② 比如,日本和韩国等东亚国家和地区经济发展的成就则归因于对这两者关系的出色处理。

埃德瓦德·S. 马森(Edward S.Mason)等人指出,在韩国的政策实施领域,

---

① 转引自[美]查默斯·约翰逊:《政治制度和经济运行:日本、南朝鲜和台湾的政府与企业之间的关系》,载[美]弗里德里克·C. 戴约:《东亚模式的启示——亚洲四小龙政治经济发展研究》,王浦劬译,中国广播电视出版社 1992 年版,第 145—146 页。

② 参见[美]查默斯·约翰逊:《政治制度和经济运行:日本、南朝鲜和台湾的政府与企业之间的关系》,载[美]弗里德里克·C. 戴约:《东亚模式的启示——亚洲四小龙政治经济发展研究》,王浦劬译,中国广播电视出版社 1992 年版,第 145—146 页。

"政府和企业相互合作(尽管政府,至少在韩国,是合作关系中地位更高的一方)"①。帕维斯·哈桑则指出,"韩国经济在很大程度上依赖于高度集权的政府引导下运行的私人企业",这是一个"明显的悖论"。实质上,"在韩国,政府的作用是相当直接的,它不只是确定广泛的竞赛规则以及通过市场力量间接地影响经济。事实上,政府看似这样一个参与者,在几乎所有的商业决策中,它通常都是决定性因素"。② 马森等人具体描述了韩国的政商合作关系:"60年代初以来不断加速的韩国经济增长,是政府指导式的发展,在这里,主要的动力是私人企业。对经济发展实施中央指导的政府和使计划机器面对不断变化的经济活动结构的极富生机的私人部门之间的关系,代表了一系列难以理解和描述的相互联系。如果认为韩国的计划不仅包括政策制定而且包括政策实施技术,那么,它本质上也就不仅仅是'指示性的'。政府的手伸得相当长,以其对于激励和抑制的控制,介入了私人企业的活动。然而,这种状况若按照指令性经济予以描述则是没有意义的。"③而韩国的"民族雄心"则无疑进一步强化了"在引导经济事务当中韩国政府和私人企业之间非同寻常的、紧密的相互合作和相互依赖关系"④。冈崎哲二通过对第二次世界大战后日本经济恢复时期产业合理化过程的分析也指出了日本政商之间紧密合作的特征。他指出:"日本经济在按照'道奇计划'向市场经济转轨过程中,重工业面临着成本高、规模小的问题。这种情况进而阻碍了对合理化的投资,使日本经济陷入恶性循环的泥沼,而仅靠民间企业本身的自发行为难以从困境中解脱。产业间的互补性、规模经济以及不完全信息导致了这种协调失灵。政府

① Edward S.Mason,(etc),edited,*The Economic and social modernization of the Republic of Korea*,Cambridge,Massachusetts,and London:Harvard University Press,1980,p.255.

② Parvez Hasan,*Korea:problems and Issues in a Rrapidly Growing Economy*,Baltimore and London:The Johns Hopkins University Press,1976,p.29.

③ Edward S.Mason,(etc),edited,*The Economic and social modernization of the Republic of Korea*,Cambridge,Massachusetts,and London:Harvard University Press,1980,p.254.

④ Parvez Hasan,*Korea:problems and Issues in a Rrapidly Growing Economy*,Baltimore and London:The Johns Hopkins University Press,1976,p.29.

协调在解决这种协调失灵中作用重大。在产业合理化审议会这个团体内进行的政府和民间企业之间的协调创造了一条摆脱恶性循环之路。"①日本这种政商紧密合作的状况得益于以下独特的制度设置：一是来自各企业及产业联合会的专家加入了产业合理化审议会，这使得政府有可能收集并审查来自民间部门的信息。二是作为战争经济的一项遗产，通产省内有不少技术官员，这使通产省自身就有能力对企业的技术以及技术能力进行评价。三是在政策实施过程中，政府运用了金融机构来引导产业之间的协调。

（二）劳资之间的紧密合作

一方面是在福利方面紧密的政商合作。在日本，政府与公司之间呈现出一种交换合作的关系，政府通过优惠的公共政策，比如低税收，来鼓励公司为创建公共社会计划作贡献。结果，与自由市场经济不同的是，在公司集团内部或跨集团间出现了慷慨的以终身职业为基础的公司福利制度得到了系统的发展。在韩国，国家也成功地与大公司达成合作，进而促进社会经济的快速发展。事实上，这种合作关系被看作是韩国政府有效干预经济的关键要素，而这种合作必然要求把劳工整合到韩国资本主义的整个发展进程当中。② 也正因为如此，哈根·库（Hagen Koo）指出，在韩国，劳动力关系管理作为一种国家计划与发展本身具有同等重要地位。③ 另一方面是公司之间的紧密合作。就市场关系对福利制度的影响而言，学者们区分了调节性市场经济和非调节性市场经济两种类型。调节性市场经济与德国和瑞典等慷慨的社会民主福利制

① ［日］冈崎哲二：《战后日本经济恢复时期的政企关系：对产业合理化过程中协调失灵的协调》，载青木昌彦、金滢基、奥野-藤原正宽主编：《政府在东亚经济发展中的作用：比较制度分析》，中国经济出版社1998年版，第108页。

② Woo Myung Sook, "Explaining Early Welfare Policies in South Korea: Focusing on the Nexus between the State and the Business Sector", *Development and Society*, 2004, 33(2), p.191.

③ Hagen Koo, "The social contradictions of the Korean state", in Richard Boyd and Tak-Wing Ngo (ed.), *Asian States: Beyond the Developmental Perspective*, London and New York: Routledge Curzon, 2005, pp.129-144.

度相对应，它们依靠大量的正式或非正式的非市场机制来调节经济行为者，它们在公司之间、公司和银行之间以及公司和雇员之间建立合作关系，包括合作投资职业培训机制以及各种与（再）生产有关的公共产品。而非调节性市场经济则与英美等不大慷慨的自由福利制度相对应，它不依赖非市场的调节机制，而严重依赖市场机制。自由市场所追寻的竞争策略建立在低劳动力成本和高度流动的劳动力这一逻辑基础上，由此难以使得雇主支持慷慨的社会福利。① 据此，东亚模式与调节性市场经济更加接近，但与西方所谓“社会民主”模式的产业调节性市场经济不同，它被称为集团调节性市场经济。产业调节性市场经济是在产业部门或分支之间进行调节，集团调节性市场经济则以公司集团（比如日本的keiretsu和韩国的chaebol）之间更紧密的调节为特征。尽管如此，合作主义则是它们之间最突出的共同点，比如共同投资职业培训以及各种与（再）生产相关的公共产品等。② 正是在这种集团调节性市场经济当中，东亚国家和地区可以把诸多福利项目交付给各种公司。各个大公司通过公司间的相互协调、相互合作和共同承担等方式，制定和实施各种具体的公司福利政策。

诚然，东亚的劳资合作并非一开始就是这样的，它首先经历了严格管制阶段，然后才逐渐形成以工会和企业为基础的合作主义。在20世纪50年代和60年代，东亚出口型的工业化进程高度依赖低薪和训练有素的工人。

（三）有组织的竞争

有组织的竞争既是东亚紧密公私合作的出发点，也是其重要表现。依据正统的或是自由资本主义的观点，竞争是有益的，因为它会排除定价高的生产

---

① 参见Woo Myung Sook，“Explaining Early Welfare Policies in South Korea: Focusing on the Nexus between the State and the Business Sector”，*Development and Society*，2004，33（2），p.188。

② 参见Woo Myung Sook，“Explaining Early Welfare Policies in South Korea: Focusing on the Nexus between the State and the Business Sector”，*Development and Society*，2004，33（2），p.189。

者。而排除定价高的生产者是一件好事,因为更有效率的生产者会使得消费者得到更便宜的货品。但是,东亚发展型国家和地区的政策制定者却不是这样看待竞争的。他们认为,如果竞争过度,国民经济的损失可能超过收益。当无数小企业在市场上彼此竞争时,他们的收益会下降,且整个行业的资本回报可能会是负数。更重要的是,过度竞争更容易使得资本和劳动超过需要而集中在一个行业,这将不利于为国家经济创造一个最有效率的生产体系。① 日本通产省前高级官员吉野信次指出:"现代工业主要通过自由竞争才取得今天的成就。然而……坚持绝对自由不能将工业世界从目前的混乱中拯救出来。工业需要一个全面发展的计划和一个控制的措施。"②因此,防止过度竞争的观念,反映了东亚政府在一国和地区经济范围内更有效地分配资源以提升产业结构和国家竞争力的意愿。政府通过设定法律规则来促进企业间的合作,从而避免过度竞争的危害。

以日本为例,日本政府出台了"重要产业统制法"(1931 年)和"重要产业团体令"(1941 年)。根据这些法律,各企业本身应该在各行业内进行控制,也就是批准企业之间可以通过各种卡特尔合作协议的形式来进行所谓的"自我控制"。这些法律本身则是政商合作的产物,因为该法案是在临时产业合理局的"统制委员会"里制定的,民间与财阀在该委员会里有许多代表。③ 企业间的合作具体表现如下:通过各种商业合同,主要的制造商及其供应商共同分担困难时期的损失,共享景气时期的收益;合约认可等级关系,认可与此相应的盈利分配和相应的风险承担;禁止实力较强的一方利用讨价还价的优势,来减少萧条期的订货或增强工人之间的竞争。大公司只在消费市场上以及在开

① 参见[美]高柏:《经济意识形态与日本产业政策:1931—1965 年的发展主义》,安佳译,上海人民出版社 2008 年版,第 41 页。

② 转引自[美]查默斯·约翰逊:《通产省与日本奇迹》,中共中央党校出版社 1992 年版,第 110 页。

③ 参见[美]查默斯·约翰逊:《通产省与日本奇迹》,中共中央党校出版社 1992 年版,第 110—111 页。

发新的消费产品时才相互竞争。而在生产要素市场上，他们维持着“稳定的”、“负责任的”合作关系。正是通过这样一种合作关系、一种经济集体行为得以呈现，一种完全理性的目标得以实现。这种国内企业间有组织的竞争并不排斥日本企业在国际市场中的竞争，因此，日本企业家的竞争精神并不会因此而消失，而是一直在日本国家竞争力的驱动下存在并迸发着。①

三、理性的利维坦：发展型国家的官僚和国家

策略性工业政策的制定和实施是由具体的政治制度安排推动的。戴约、哈根·库和约翰逊介绍了强大的、自主的发展主义国家的政治基础，它把注意力集中在促进策略制定的更大的社会政治背景上。东亚发展型国家和地区的策略性权力依赖于以下方面：与国内工业的政治联盟的形成、左派的毁灭以及劳动组织和其他大众组织权力的缩减。非同寻常的官僚自主性和政治自主性是隐藏在国家以策略性工业政策形式干预经济有效性的重要政治基础。② 约翰逊在《通产省与日本奇迹》一书对日本的通产省进行了详尽考察，指出通产省对日本发展的作用；金弘基（Kim Hyung-Ki）等编辑的《日本文官制度和经济发展》一书，对具有高地位的官僚在现代日本发展的政策支持上的角色转变，提供了一个相当综合的评价：其开头的三篇文章展现了文官制度的价值、角色、组织结构和法律框架，以及它对日本“追赶”工业化的贡献。③ 这种国家主义在发展型国家体现为这样的特点：可以抵抗短视的利益和各种社会集团

① 参见［美］高柏：《经济意识形态与日本产业政策：1931—1965年的发展主义》，安佳译，上海人民出版社2008年版，第42—43页。

② 参见 Ziya Onis，“The Logic of the Developmental State”，*Comparative Politics*，1991，24（1），pp.113-114。

③ 参见 David Donald，“Review：The Japanese Civil Service and Economic Development：Catalysts of Change.；Japan：Who Governs? The Rise of the Developmental State”，*The Economic Journal*，Vol.108. May，1998，p.899。

的寻租行为，以及克服集体行动的问题，把自己与特殊利益相隔绝，使得它可以发展和实施一种国家发展计划。① 具体来说，这种独特的国家主义体现为发展型精英、自主的经济官僚和发展型国家以及官僚理性。

（一）独特的发展型精英

这种发展型精英有着三个方面的重要特点。第一，这些核心精英与一小群发展决策高级政治家和官僚有着密切联系，而这些高级政治家和官僚又与制定发展型制度及其文化的政府领导人保持着紧密关系。而这一以领导为核心的主要政策圈的人数是相当少的。而这种小规模的决策圈子有利于维持这些发展型国家政策的连续性。② 第二，这些精英是官僚和政治要素紧密联系的纽带，因为这些精英之间可以通过各种非正式的关系紧密联系起来。兰多（Landau）和斯托特（Stout）指出："政府机构既是人为建立，又是自然形成的产物。除了它们正规的特征而外，还各有特殊的利益集团、私人关系网、照顾圈子、政治中间人和派生组织。这些非正式的关系维护着一个组织的'机体'，并通过灌输忠诚意识、加强信息交流、引导新参加工作的人员适应环境，在价值观发生冲突时提出新观念等方式，帮助这个组织有效运行。"③约翰逊指出了日本官僚精英中的四种重要阀（关系），即闺阀（亲姻关系）、乡阀（同乡关系）、学阀（同学关系）和财阀（金钱关系），而随着文官考试制度的推进，学阀关系愈显重要。比如，日本东大法学校友在政府、银行和工业界高层具有绝对优势。④ 第三，由

① 参见 Steven Chan, Cal Clark, Danny Lam, "Looking beyond the Developmental State", in Steven Chan, Cal Clark, Danny Lam edited: *Beyond the Developmental State: East Asia's Political Economies Reconsidered*, London: Macmillan Press, 1998, p.2。

② 参见 Adrian Leftwich, "Bringing Politics Back in: Towards a Model of the Developmental State", *The Journal of Development Studies*, 1995, 31(3), p.405。

③ 转引自[美]查默斯·约翰逊：《通产省与日本奇迹》，戴汉笠等译，中共中央党校出版社 1992 年版，第 57 页。

④ 参见[美]查默斯·约翰逊：《通产省与日本奇迹》，戴汉笠等译，中共中央党校出版社 1992 年版，第 57—67 页。

这些精英组成国家精干的公职队伍，他们的素质通过在最好的政法学院和经济管理学院里在学术成果和考试成绩方面表现出来的优秀水平加以衡量。这个队伍的职责一是明确和选择需要加以发展的产业（产业结构政策），二是明确和选择迅速发展选定产业的最佳方案（产业合理化政策），三是在指定的战略部门进行企业间竞争的监督，以保证它们经济上的正常运行和效能。①

（二）独特的官僚自主性和政治自主性

这种发展型国家的政治制度隐蔽地把统治权和治理权分开：当政人物掌握统治权，而政府公职队伍则掌握治理权，从而赋予经济官僚和政治家不同寻常的自主性。

首先是官僚的自主性。在对国家与社会关系的研究中，马克思一向将对官僚政治的揭露作为一个重点。最早对官僚机构的论述见于《黑格尔法哲学批判》。马克思指出，黑格尔将官僚视为国家与市民社会的中介，认为作为“普遍等级”的官吏能够将市民社会的特殊利益纳入国家的普遍利益之下并因此迷恋官僚政治的认识是不正确的。马克思认为，在官僚机构中，国家利益成为一种同其他私人目的相对立的特殊的私人目的，官僚机构就实质而言不过是市民社会的“国家形式主义”。“官僚政治是同实在的国家并列的虚构的国家，它是国家的唯灵论……官僚政治掌握了国家，掌握了社会的唯灵论本质：这是它的私有财产。”“官僚政治的普遍精神是秘密，是奥秘……就单个的官僚来说，国家的目的变成了他的私人目的，变成了追逐高位、谋求发迹。”②在马克思看来，官僚机构同样是特殊性的代表，根本无法像黑格尔期望的那样发挥国家和社会间的双向融合作用，对官僚政治的期待是一种无法实现的幻想。

---

① 参见［美］查默斯·约翰逊：《通产省与日本奇迹》，戴汉笠等译，中共中央党校出版社1992年版，第326—327页。

② 《马克思恩格斯全集》第3卷，人民出版社2002年版，第60、60—61页。

然而,以市场和竞争为基础的资本主义经济势必要求政府的政策得到大众的支持,而为了得到大众的支持就必须要求政治领袖有能力使得关键性经济决策在某种程度上去政治化。为了达到这种目的,通常人们把这种决策委托给“非政治精英”来实现。在资本主义发展型国家,这种去政治化是通过统治和裁决之间的隐性分离来实现的:政治家确定广泛的目标,保护技术官僚免遭政治压力,当官僚犯错误的时候,担当“安全阀”的功能,当腐败丑闻被揭露时,承受公众的愤怒情绪;而正式的官僚则从事经济的实际计划、干预和引导工作。① 比如,由经济官僚组成的通产省具有适度的自主性和灵活性。这个机构被赋予成套的、适度的权力,使它既不致于管辖过多的部门,权力太大,又不致于管辖部门太少,使它无法有效行使职责。通产省的经验表明,控制产业政策的机构至少需要监管计划、能源、国内生产、国际贸易和金融的部分权力。通产省的经验还表明,对这种权力不必作硬性规定,权力范围可以并且应该根据实际情况扩大或缩小。② 也就是说,在实际情况中,官僚和政治领袖之间的关系通常是不稳定的,统治和管理也无法永远被正确分开。但是,它们必须在某种程度上处于分离状态,以便把长期战略目标既施加于强有力的集权分子,又施加于强有力的私人部门。东亚发展型制度都是从各种历史事件和经验教训中实现其官僚专家的自主性的。③

20 世纪 30 年代和 40 年代,世界经济危机和第二次世界大战使得日本的政党内阁逐渐崩溃,一种统制经济得以形成,其标志是松井关于设立经济参谋本部的构想在 1935 年 5 月设立的内阁审议会和内阁调查局的形式中得到了

---

① [美]查默斯 · 约翰逊:《政治制度和经济运行:日本、南朝鲜和台湾的政府与企业之间的关系》,载[美]弗里德里克 · C. 戴约等:《东亚模式的启示——亚洲四小龙政治经济发展研究》,王浦劬译,中国广播电视出版社 1992 年版,第 159 页。

② 参见[美]查默斯 · 约翰逊:《通产省与日本奇迹》,戴汉笠等译,中共中央党校出版社 1992 年版,第 326—332 页。

③ [美]查默斯 · 约翰逊:《政治制度和经济运行:日本、南朝鲜和台湾的政府与企业之间的关系》,载[美]弗里德里克 · C. 戴约等:《东亚模式的启示——亚洲四小龙政治经济发展研究》,王浦劬译,中国广播电视出版社 1992 年版,第 159—160 页。

实现,从而日本经济官僚的权力地位得到提升。① 而在整个 50 年代,通过盟军的非军事化和经济民主化措施,以经济稳定本部为代表的日本经济官僚的自主性得到了进一步提升。② 尽管 70 年代以来日本政治家不断强大,但是由于新的危机再次要求制定和实施各种经济政策的去政治化,日本经济官僚仍具有极大的自主性。在韩国,其"问题不像日本那样是正在上升的政治精英向已确立了地位的官僚精英的挑战,相反,它是具有政治权力、当时正与受过教育的非政治精英共同承担官僚功能的军事官僚精英们应付文职企业家们的能力问题"③。为了应对由于美国终止援助而引发的经济危机,当时的韩国政府大刀阔斧地对官僚体制进行了改革,与此同时,随着一些与经济直接相关的部门(工商部、财政部特别是经济企划院等)地位的提高,部长间传统的等级制度也发生了颠倒性的变化。经济企划院的领导地位使它将影响力扩大到各个部门,大量企划院官员被输送到其他部门机构。④ 由此,韩国的经济官僚得到了相对的独立性。

其次是发展型国家(当局)的自主性。国家的相对自主性,是 20 世纪六七十年代马克思主义国家理论的主要理论"程式"。在普兰查斯那里,国家的相对自主性在以下两种历史情形中都是必要的:1. 阶级力量的平衡允许一个具有阶级角色的自主国家,包括主要阶级的平衡导致了停滞(波拿巴主义)以及主要阶级的平衡导致了灾难(法西斯主义)两种情况;2. 阶级力量的软弱允许一个独立的国家去统治它们,包括阶级的经济力量软弱(如沙皇帝制)和阶

① 参见[日]中村隆英、尾高煌之助编:《双重结构》(《日本经济史》第 6 卷),张向东、张雪译,生活 · 读书 · 新知三联书店 1997 年版,第 372—387 页。

② 参见[日]中村隆英编:《"计划化"和"民主化"》(《日本经济史》第 7 卷),生活 · 读书 · 新知三联书店 1997 年版,第 121—182 页。

③ [美]查默斯 · 约翰逊:《政治制度和经济运行:日本、南朝鲜和台湾的政府与企业之间的关系》,载[美]弗里德里克 · C. 戴约等:《东亚模式的启示——亚洲四小龙政治经济发展研究》,王浦劬译,中国广播电视出版社 1992 年版,第 161 页。

④ 参见[美]乔恩 · 沃伦诺夫:《人为的奇迹》,罗龙、郁庆晨译,华夏出版社 1989 年版,第 32—33 页。

级的政治力量软弱（如纳粹国家）两种情形。① 但是，随着战后干预主义国家的兴起或国家行政权力的明显扩张，资本主义的新国家形式日益成长为一种具有较高程度的相对自主性的权威主义国家形式。由此，普兰查斯把马克思在《路易·波拿巴的雾月十八日》中描述的凌驾于整个社会或社会各阶级之上的具有"相对自主性"的国家政权，视为当代资本主义国家的普遍形式。在普兰查斯看来，这种国家自主性的形成与资本主义制度基体的结构形式有着内在的本质联系。资本主义生产方式矩阵的基本制度形式就是经济与政治在形式上的制度分离，这也就塑造了经济力量与政治力量的形式分离，由此"资本主义国家的第一个特征就在于资本主义形态中的政治和经济斗争方面的特殊自主性……以霸主阶级领导为特点的资本主义国家，并不直接代表统治阶级的经济利益，而是代表它们的政治利益"②，从而国家也就获得了相对经济基础或经济统治阶级的可能自主性。也正因此，普兰查斯强烈地反对密里本德的工具主义国家观，强调资本主义国家并非是经济统治阶级直接支配下的简单工具，国家并不直接服务或满足于经济统治阶级的利益。因此，国家是可以获得相对于各种利益集团的相对独立性的。

尽管如此，马克思等人所指出的国家为某些阶级或利益集团俘获的现象并不由于国家自主性的凸显而消除。恰恰相反，在发展中国家，政治精英为私人大企业俘获的现象却是普遍存在的。然而，在某种程度上来说，在发展的前期，东亚发展型国家和地区却能够较为明显地摆脱这种私人大企业的俘获，从而能够独立地追求国家发展目标。同样可以确定的是，东亚政治家保持其独立性的程度比任何其他半权威的资本主义国家都要大。那么这种自主性是如何获得的呢？约翰逊指出，东亚政治家的自主性除了依靠集权手段和意识形

① 参见 Jessop, B., *State Theory: Putting Capitalist States in Their Place*, Cambridge: Polity Press, 1990, p.90。

② ［希腊］尼科斯·普兰查斯：《政治权力与社会阶级》，中国社会科学出版社 1982 年版，第 207 页。

态工具之外，还依靠对国有企业的控制和对农民的支持来获得。在日本，尽管大企业向自民党提供金钱以保证它掌权，可是，这种大企业并不因此就获得对于政府政策的支配性影响，因为自民党也依靠选举中极具代表性的农业人口保持执政。自民党对农民给予补偿，虽然它除了农业问题之外，并不让农民有政治声音。可以说，这种依靠强有力的（但没有影响的）农业部门并接受有影响的（但并非十分强有力的）工业部门的支持的日本模式，是对资本主义发展制度的一种“回应”方式。在韩国，由于它具有更为集权的政府，因此其模式包括了对农业的支持，尽管，政府的目的更多的是在于使收入在部门之间得到均衡而不是作为政治支持的基础。①

诚然，不管是官僚的自主性，还是国家的自主性，它们并不意味着完全的绝缘性，而是如埃文斯所指出的那样，是一种“嵌入性的自主性”。官僚或国家的自主性由国内外的政治经济环境所制约。这是因为，快速的工业化是这种制度得以存在的前提，而出口的竞争力则是快速工业化所必需的——同时正是这种工业化的承诺促进着地方产业资本的增长。正是这种国内工业化和国际竞争力的复杂关系制约着官僚或国家的自主性。在这种背景下，发展型国家不得不把国家镶嵌入资本当中。然而，这也不意味着忽视了发展型国家的自主性。恰恰相反，正是发展型国家异常的自主性使得发展型国家能够主导着资本和国家联结的形成。总而言之，正是这诸种因素的错综关联使得发展型国家的这种嵌入性自主性成为其快速工业化时期的主要特点。

“嵌入性自主”依赖于这样一种现存的制度，它具有一个高度发达的具有干预能力的官僚机器，同时这个官僚机器建立在历史经验和一系列相对有组织的私人部门的基础之上，而这些私人部门能够提供有用的咨询并且有可能

---

① 参见［美］查默斯·约翰逊：《政治制度和经济运行：日本、南朝鲜和台湾的政府与企业之间的关系》，载［美］弗里德里克·C. 戴约等：《东亚模式的启示——亚洲四小龙政治经济发展研究》，王浦劬译，中国广播电视出版社 1992 年版，第 164—166 页。

使得政策的执行分散化。与寄生型国家不连贯的绝对统治不同,它可以成功提供产业资本积累的框架,由此改变资本和国家之间寄生关系。尽管国家主导着发展,但私人资本并不完全依赖于国家提供资源。①

尽管如此,"自主性"并不能涵盖一个发展型政府的全部"性格"和政策行为的根源,也不能完全解释其对经济发展的成功促动,"因为我们可以想象到,一个高度自主的国家机关虽然没有和私人资本或者预定要扶植的对象形成联盟,但是,却很可能像一个寄生虫般地只晓得在社会中榨取资源以自肥,让本身来坐享其成……一个高度自主的国家机关,很容易变成一个寄生型而且反发展的国家机关……"②发展型国家之所以不是一种寄生型的国家,这也依赖于它独特的官僚理性以及维持这种官僚理性的独特架构。

(三)独特的官僚理性和有效性

寄生型国家的一个典型就是蒙博托(Joseph Mobutu See Seko)统治的扎伊尔。自从 1965 年蒙博托掌握扎伊尔政权以后,蒙博托及其扎伊尔式国家机器的圈内人从国家出口矿石资源的收入中榨取了巨额财富。在蒙博托统治的前 20 年,其人均国民生产总值以每年 2. 1%的速度下降,逐渐把整个国家推向最贫困国家行列,其国民的生活状况甚至比比利时殖民统治时期更糟糕。蒙博托政治阶级疯狂的寻租行为把整个社会推向深渊。尽管蒙博托扎伊尔政权的传统主义和极权主义的混合阻碍了资本主义的发展,然而,导致其寄生型的关键并不在其过度的官僚主义,而在于蒙博托扎伊尔政权在多大程度上由"看不见的手"主导其行政行为。蒙博托这样描述他的政权制度:"在我们国家,

① 参见 Peter B.Evans,"Predatory,Developmental,and Other Apparatuses:A Comparative Political Economy Perspective on the Third World State",*Sociological Forum*,1989,4(4),pp.574-576。

② 庞建国、埃文斯:《国家机构与国家政策:台湾经验对新型工业化国家的意涵》,载庞建国编:《台湾经验的理论与实际》,(中国)台北幼狮文化事业公司 1993 年版,第 144 页。转引自董正华、赵自勇、庄礼伟等:《透视东亚"奇迹"》,学林出版社 1999 年版,第 543 页。

任何东西都是一种买卖。在此交易中，掌握和分割公共权力构成一种名副其实的交换机制，它可以自由兑换为违法获得的金钱或者其它货物。”①这种国家机器的“市场化”使得官僚不可能追求那种基于生产投资的长远利益，相反，官僚以自身短期利益为追求目标。②

确实，韩国、日本等发展型国家在某些特定时期也存在着各种掠夺性，其腐败也是无法避免的。也正因为如此，大量的腐败问题破坏了这样的一个假设：发展型国家是相对中立的、扶优扶强的、提供公共产品的，因为市民服务是与社会影响绝缘的。一个“硬”版本的发展型国家的形象被打破了，但一个有限版本的发展型国家的形象却建立起来了。③ 总而言之，“发展型国家并没有体现出像许多非洲国家那样的‘苏丹主义’（sultanism），也没有体现出一些非发展型国家式的腐败和家产官僚主义——以经济滞胀、持续的政治不稳定、地区贫困和不平等的恶化为特点”④。

与寄生型国家不同的是，发展型国家具有其独特的官僚理性。一个有效的依法办事的官僚机构固然重要，一种官僚文化和官僚理性也必须建构起来。官僚理性主导的内部凝聚力，使得发展型国家可以避免阻碍发展的两个缺陷：个人官僚行为导致一种掠夺性行为和由于经济政策缺乏有效的选择性而导致资源的浪费。官僚理性通过以下两种方式得以贯彻：制定国家官员的行为规范，以此防止他们从事个人主义和掠夺性实践；对精英招募和职业流动规范的忠诚。如此，一种官僚文化和官僚理性逐渐在发展型国家中发展起来。这反

---

① 转引自 Peter B. Evans, “Predatory, Developmental, and Other Apparatuses: A Comparative Political Economy Perspective on the Third World State”, *Sociological Forum*, 1989, 4(4), p.570。

② 参见 Peter B.Evans, “Predatory, Developmental, and Other Apparatuses: A Comparative Political Economy Perspective on the Third World State”, *Sociological Forum*, 1989, 4(4), pp.569–571。

③ 参见 David C.Kang, “Bad Loans to Good Friends: Money Politics and the Developmental State in South Korea”, *International Organization*, 2002, 56(1), pp.200–201。

④ Adrian leftwich, “Bringing Politics Back in: Towards a Model of the Developmental State”, *The Journal of Development Studies*, 1995, 31(3), p.407.

过来又加强了法治观念以及官僚内部的团结。①

一种极端的精英式的录用制度构成理解与发展型国家相关的非同寻常的官僚自主性的出发点。在韦伯看来，官员的选拔对一个真正的官僚机构来说是至关重要的。这些官员在官僚机构里面享有长期的职业生涯，并且通常能够根据所建立的规则和规范行动。通常来说，个人利益的最大化要通过遵守官僚规则而获得，而不是利用那些由看不见的手所提供的个人机会来获得。发展型国家通过各种考试制度选拔极少数的优秀的用于官僚机构管理的精英。其进入的严格标准不仅确保高程度的官僚能力，而且在官僚精英中容易产生团结和共同身份的意识。正如前面指出的，有官僚选拔所产生的内部关系网（比如普遍的教育背景）有利于保持官僚意识和行动的一致性和连贯性。因此，官僚们浸透着使命感并且在来自社会领导岗位的国家目标中找到共同的身份。这种严格的选拔制度和共同的使命感有助于发展型官僚保持其独特的官僚理性。②

发展型官僚理性的保持更得益于一种独特的制度设置。所有的官僚制度都面临着自主和义务之间的一种内在张力。相对于社会利益集团和国家内部其他层面的自主性是有效行为的一个必要条件。但是，在缺乏外部监督和官僚权力之间的平衡的情况下，赋予官僚精英的权力很容易被滥用。在发展型国家的背景下，为了解决官僚自主和义务之间的张力建构了几个机制：第一，根据国际标准官僚机器的规模保持着“极端”的小。官僚规模的优先性有助于巩固官僚在社会中的精英地位，同时遏制与大规模官僚机构相关的缺乏控制和义务的问题。第二个机制的设计用来达到自主和与赋予领导机构——像日本的通产省（MITI）和韩国的企划院（EPB）——的权力有关的义务之间的平衡，这呈现为工业政策实施的一个重要的制度。这里的问题是要寻找领导

① 参见 Vivek Chibber，“Bureaucratic Rationality and the Developmental State”，*American Journal of Sociology*，2002，107（4），pp.951–955。

② 参见 Peter B.Evans，“Predatory，Developmental，and Other Apparatuses：A Comparative Political Economy Perspective on the Third World State”，*Sociological Forum*，1989，4（4），p.573。

机构所需要的权力混合,使之不要控制太多的部门而变得全能或者控制得太少而变得没有效能。通过把通产省的权力限制在有限数量的、经济的、选择性策略部门,解决了这个困境。因此通产省介入经济的形式是与下面的逻辑相一致的:基于新兴工业保护的选择性工业政策的经济逻辑,一方面寻找官僚自主和有效性之间的平衡的逻辑,另一方面寻找官僚权力和责任(义务)之间平衡的逻辑。由于第三个机制的存在,在国家内部政治家的、官僚的和军事的非同寻常的分工问题上,自主性和责任性才能够得到妥协。政治家和官僚之间的关系是特别有趣的。约翰逊关注了发展型国家的一个显著的结构特征,政治内部管理(ruling)职能和统治(reigning)职能之间的固有区别。政治家统治(reign)而官僚管理(rule)。政治家通过不接近特殊利益提出者——这些人可能使国家的主要发展优先性发生偏转——以及将官僚作出的决定合法化并认可它,从而为官僚管理提供空间。一个独立的政治家团体的存在是这个系统运转的关键,因为它允许官僚拥有有效政策干预所必需的行为自由,但同时也构成滥用这一自由的重要屏障。

诚然,发展型政策推行的有效性主要依赖于其独特的官僚理性以及上述各种规范官僚理性的内部制度,但一种独特的内外部关系网络也是其有效性的一个重要因素。前面所讲的官僚之间的非正式关系网络既赋予官僚机构内部的一致性和连贯性,又赋予官僚之间一种合作的身份。这种非正式网络的特征和效应从根本上取决于一种严格的文官选拔程序。进入这种网络的首要因素是个人的真正能力,而不是委托关系或者传统的忠诚,这使得官僚及其机构的有效性成为首要的评价标准。换言之,它最终成为某种"强化了的韦伯主义",在这里,就像涂尔干的"契约的非契约因素"①强化了市场一样,"官僚

① 涂尔干认为,契约协作并非"纯粹是一系列充满自私自利的经济关系和私下安排。实际上,道德生活渗透进了所有能够促进协作产生的关系之中"。显然,涂尔干的高明之处在于看到了契约关系中的非契约因素,即"在契约关系之外感觉到了社会作用的存在"([法]埃米尔·涂尔干:《社会分工论》,渠东译,生活·读书·新知三联书店2000年版,第237、169页)。

的非官僚因素”强化了正式的组织结构。同时，联结国家和私人公司精英的外部网络对保持官僚的有效性也是至关重要的。以日本产业政策为例，日本产业政策从根本上依赖于通产省和主要工业家之间错综的关系。有日本学者指出，通产省某些局的主管领导花费其大部分时间用来与主要公司的成员交流。这种联结也会通过各种非正式关系（比如校友关系等）得到加强。

对外部网络关系重要性的强调无疑会导致这样的争论，即发展型国家的有效性并不是来自其自身固有的能力，而是来自它与市场“玩家”相互作用的复杂性和稳定性。这种观点对于纠正某些片面强调官僚自身权威的观点是有作用的。官僚自身固有的能力以及与市场建立某种共识是同样重要的，建构外部网络和内部合作的连贯性之间并不是相互替代的解释方式。假如通产省不是一个有着异常能力的、连贯的组织，它就不能够如它所表现的那样参与外部网络。如果通产省没有一定的自主性，它就不能够独立地制定符合国家利益的发展目标，也不能够使得官僚们把追求这种发展目标视为追求个人职业同等重要的任务，更不能够为私人部门提供所需的资源或者制度框架。通产省的“相对自主性”使得它可以解决私人资本的集体行动困境，帮助资本在整体上解决问题，否则，即使是在高度组织后的日本产业体系当中也无法达到。这种并不排斥外部网络的“嵌入性自主性”正是寄生型国家“不连贯的绝对主义统治”需要借鉴的，也正是发展型国家有效性的关键所在。简言之，这种有效性依赖于建构这样一种矛盾混合体的能力，这种矛盾混合体既包含了韦伯式官僚的绝缘性、又不排斥其对周围社会结构的极度渗透性。①

---

① 参见 Peter B.Evans，“Predatory，Developmental，and Other Apparatuses：A Comparative Political Economy Perspective on the Third World State”，*Sociological Forum*，1989，4(4)，pp.573-574。

第二章　发展型国家的效应及其转型

与现代化理论、新自由主义和依附理论所主张的发展模式不同，东亚新兴工业化国家和地区立足具体实情、审时度势开辟了一条独特的发展型国家、地区发展范式。这种国家、地区发展范式发挥了积极的经济、社会、理论和制度效应。然而，随着东亚各国和地区内外环境的变化，发展型国家、地区范式愈益呈现出其局限性。1997—1998 年的东亚金融更是直接促发了对东亚发展型国家、地区范式的反思和讨论，超越发展型国家不但成为热门的理论话题，而且被提为迫切的国家决策议程。为此东亚发展型国家、地区展开了超越进程。

一、发展型国家范式的积极效应

可以说，发展型国家范式，既是对其他各种发展模式批判性的借鉴和吸收，又是基于东亚地区社会政治制度现实的一种制度创新。就特定的时期而言，发展型国家产生了极大的经济、社会、理论和制度效应。

（一）积极的经济效应：发展优先、市场与经济奇迹

“置经济发展于优先地位，引入并扶植市场经济”，从而使东亚社会有史

以来第一次步入经济发展的正常轨道，并取得骄人的成就，是发展型国家范式最为显著的贡献。①

其一是树立了“经济增长”和“经济发展”的概念。就东亚社会而言，东亚的历史虽长，但直到第二次世界大战结束，许多国家依旧没有树立“经济增长”和“经济发展”的概念。一方面，第二次世界大战结束之前，东亚社会在儒家“重农轻商”的思想影响下，东亚社会在整体上仍然是一个农业社会。在20世纪初期，东亚差不多80%的人口从事农业及生活在农村，农业在整个国内生产总值的份额中占70%到80%。② 另一方面，受到传统权威主义政治风气的影响，确立经济发展优先的目标并非易事。此外，在“大萧条”“战后重建”“社会主义运动”以及“民族独立运动”等主题主导的战后世界，凯恩斯主义、福利国家、社会主义和计划经济一时成为主流。在这种背景下确立以经济发展为优先目标的“资本主义发展型国家”发展范式，无疑“意味着一场革命”③。

其二是引进和扶植现代市场经济。诚然，我们可以在东亚的历史当中寻找到商品经济的足迹，但它“却是零星的、分散的、与现代工业缺少关联性的非现代市场经济”④。亦如罗荣渠教授指出的，在非西方世界“即使在某些国家和地区早就出现过资本主义的稀疏的萌芽，但传统结构形成了稳定的发展定势，因而即使出现推动大变革的某些单个条件，也不可能形成突破传统的决定性的推动力。那里向现代化的变革的启动力量来自外部”⑤。因此，在这一点上，东亚发展型国家并没有遵循自由主义经济学家关于市场与国家相对立

① 参见李文：《东亚社会变革》，世界知识出版社2003年版，第46页。

② 参见[美]雷蒙·迈尔斯（马若孟）：《东亚农业的制度变迁和变革——一个历史学阐释》，《古今农业》2004年第1期。

③ 李文：《东亚社会变革》，世界知识出版社2003年版，第46页。

④ 李文：《东亚社会变革》，世界知识出版社2003年版，第49页。

⑤ 罗荣渠：《现代化新论》，北京大学出版社1993年版，第170页。

的观点[①],而是强调国家对市场的培育和扶植。东亚发展型国家对现代市场经济的扶植表现为三个方面:一是从外部引入,即引进外国直接投资,发展出口企业,同外国购买商建立关系等;二是扶植本土民间企业的成长;三是创造有利于现代市场经济迅速成长的制度条件。[②] 由此可见,如果没有强有力的政府培育,单纯依靠东亚内部市场自发秩序逻辑的生成,不可能在较短的时期内形成强大的现代市场经济。

最后,通过树立"经济增长""经济发展"的优先观念以及对现代市场的积极培育,东亚发展型国家实现了经济发展的相对高速增长。

(二)积极的社会效应:合作主义下的社会稳定与社会发展

发展型国家范式并不是照搬西方市民社会的概念,而是尊重东亚社会的独特性,把国家和地区的发展策略建构在一种紧密的公私合作之上。第二次世界大战后,一种理想的英法市民社会概念被广泛应用来解释日本等东亚国家和地区的社会特性,把日本等东亚社会定性为缺乏市民社会精神的;不能够培育现代社会的精神以及不能够把公共领域和私人领域分离开来,被看作是该地区军国主义(如日本)和权威主义的根源[③];认为这种缺乏市民精神的社会是难以支持现代经济发展的。单纯借用西方市民社会的概念无法解释东亚

① 以自由主义为主导的经济学家倡导最小限度国家的观点,把国家看作是阻碍市场的一种力量。认为,在消费品和生产资料的直接生产或引发革新和变革方面,政府都不比市场更有效率。尽管,新古典主义等经济学家开始承认,在处理市场失灵(不完全的信息、不完全的市场、外部性等方面),提供公共产品,满足教育、健康、减少贫困和改善收入分配,提供物质和社会基础设施,以及保护自然环境等方面,政府应该具有较为广泛的作用。但是,他们仍然把政府看作是与市场相互分离,甚至是相互对立的,没有把两者有机地结合起来(参见[美]杰拉尔德·迈耶、[美]约瑟夫·斯蒂格利茨主编:《发展经济学前沿:未来展望》,中国财政经济出版社 2003 年版,第 24—25 页)。

② 参见李文:《东亚社会变革》,世界知识出版社 2003 年版,第 50—52 页。

③ 参见 Muthiah Alagappa, "Introduction", in Muthiah Alagappa (ed.), *Civil Society and Political Change in Asia, Expanding and Contracting Democratic Space*, Stanford, California: Stanford University Press, 2004, p.11。

经济发展的成效。而事实上，发展型国家发展范式对紧密公私合作的强调，是与东亚社会独特的人际关系网络，以及东亚社会和国家的独特关系相适应的。此外，发展型国家独特的经济发展和社会制度依赖与东亚市民社会兴起的独特方式紧密相关，它们之间是相互促进，而不是相互排斥的关系。西方市民社会是基于经济自发秩序逻辑由下而上地产生的。在东亚，正如发展型国家理论描述的紧密公私合作所指出的那样，东亚国家在经济社会发展中扮演着重要的角色，东亚市民社会是在国家和社会力量相互纠缠、相互合作中产生和壮大的。离开东亚紧密公私合作的社会特性，无法理解东亚市民社会产生的独特方式。

发展型国家正是通过这种基于本土特征的"权威合作主义"控制策略限制公民的结社、言论自由，从而产生了极大的社会效应。一方面，通过这种权威合作主义方式，发展型国家"搁置或压制政治权力的争夺以及各种思潮和观点之间的争论，引导甚至强迫绝大多数社会成员通过努力工作维持并改善家庭生活，将个人的自由牢固限制在经济领域"①，从而能够有效地实施发展型国家发展策略。另一方面，通过同样的方式来禁止劳资纠纷和工人游行等行为，实现了稳定的社会秩序。

发展型国家范式的权威合作主义框架不但为东亚的发展提供了稳定的政治社会秩序，而且直接促进了东亚的社会发展：一方面，高速的经济发展在一段时期内并没有导致严重的贫富分化，该区域保持了一定程度的社会平等。另一方面，它也使得该地区取得了当时世界局势下相对较高水平的"人类发展"。据联合国人类发展指标和其他各种指标显示，20 世纪 70 年代到 21 世纪这 30 年这一段时间，在社会福祉方面，东亚国家所取得的成绩是较高的：贫困人口的明显减少、国民素质的显著提高、卫生环境的突出改善以及人类寿命的不断延长等。

---

① 李文：《东亚社会变革》，世界知识出版社 2003 年版，第 49 页。

（三）积极的理论效应：发展道路的独特性与多元性

发展型国家范式尊重东亚的历史制度现实，其制度主义的视角有助于批判任何普适性理论主张，暗示了发展道路的多样性。

发展型国家成功的发展经验首先是对现代化理论最强有力的回应。现代化理论传统认为，第三世界的政治文化是与经济发展相对立的。这种传统是否可以追溯到马克思对印度的态度，这一点值得商榷，并引起了学者们的不同讨论。如，有一种看法认为，在马克思看来，印度是停滞的、不变的，并且在内部是无法改变的。按照这种看法推导下去，他们这样归纳了马克思的看法，即"这些以'亚细亚生产方式'为基础的社会，凭其自身的力量，没有进行变革和现代化的手段——或制度上的推动力"。为此，在这些学者看来，马克思则辩证地看待殖民主义，认为"欧洲人向海外的扩张行动是由面向世界的资本主义市场经济的内在必然性所引起的，同时它也成了社会获得向社会主义转化的一项先决条件"，认为"如果欧洲人的入侵只是间接、轻微或肤浅的，它就不可能具有足够的能量破坏'东方专制主义'的社会经济基础"。① 马克思在《不列颠在印度统治的未来结果》一文中指出：

> 不列颠人是第一批文明程度高于印度因而不受印度文明影响的征服者。他们破坏了本地的公社，摧毁了本地的工业，夷平了本地社会中伟大和崇高的一切，从而毁灭了印度的文明。他们在印度进行统治的历史，除破坏以外很难说还有别的什么内容。他们的重建工作在这大堆大堆的废墟里使人很难看得出来。尽管如此，这种工作还是开始了。②

在《资本论》中，马克思更直接地指出东方专制主义无法单纯依靠自身的力量来进行现代化：

① ［以色列］什洛莫·阿维内里：《马克思与现代化》，载［美］塞缪尔·亨廷顿等：《现代化：理论与历史经验的再探讨》，上海译文出版社 1993 年版，第 18、19 页。

② 《马克思恩格斯文集》第 2 卷，人民出版社 2009 年版，第 686 页。

资本主义以前的、民族的生产方式具有的内部的坚固性和结构，对于商业的解体作用造成了多大的障碍，这从英国人同印度和中国的交往中可以明显地看出来。在印度和中国，小农业和家庭工业的统一形成了生产方式的广阔基础。此外，在印度还有建立在土地公有制基础上的村社的形式，这种村社在中国也是原始的形式。在印度，英国人曾经作为统治者和地租所有者，同时使用他们的直接的政治权力和经济权力，以图摧毁这种小规模的经济公社。如果说他们的商业在那里对生产方式发生了革命的影响……但是，就是在这里，对他们来说，这种解体进程也是进行得极其缓慢的。在中国，那就更缓慢了，因为在这里没有直接政治权力的帮助。①

无疑，马克思认为东方现代化的一种可能在于西方资本主义的扩张对东方社会封闭结构的碰撞上。值得注意的是，这里不能误解为马克思认为每个民族必定要经历资本主义阶段；相反，马克思是站在当前历史阶段上去回溯较低的社会形态是如何发生全局性变革并向较高社会形态转向的一种可能性趋势。同时，马克思也从未忽视殖民给本地民族带来的苦难问题。在归根结底的意义上，他只是辩证地揭示了先进国家向落后国家所展示的一个图景。所以有时人们会片面理解马克思的话。如什洛莫·阿维内里就认为，"马克思对于现代化的看法应当被看成为试图根据西方的经验为现代化的各种条件和界限提供一幅相当精致的图像"②。

著名的现代化思想家韦伯也很重视西欧以外的社会，他吸收东方学者的研究成果，写成了《儒教和道教》以及《印度教和佛教》等著作。但是，他始终认为，经济行动的最合理化形态是资本主义，因为它是由合理化的法，合理化的统治形式(现代官僚制)，合理化的知识、艺术以及现代化的社会结构诸要

① 《马克思恩格斯全集》第46卷，人民出版社2003年版，第372页。

② [以色列]什洛莫·阿维内里：《马克思与现代化》，载[美]塞缪尔·亨廷顿等：《现代化：理论与历史经验的再探讨》，上海译文出版社1993年版，第24页。

素组成的。由此，他经常在对西方社会进行比较时注意东方社会，并反复尝试将他从西方社会的历史事实中概括出来的有关社会各方面的合理命题运用于与西方具有不同的初始条件的东方社会。然而，他得出的结论是，第三世界自身无法建立一种企业家文化、现代化科学技术及现代官僚制，由此第三世界的现代化是困难的。[①] 然而，“东亚奇迹”表明，现代化并不一定只在发达国家(资本主义充分发展，具有新教伦理精神的国家)才有可能，它可以在其他资本主义不发达，且缺乏所谓新教伦理精神的国家里得到很好的实施。

发展型国家的成功经验也是对依附理论强有力的打击。按照雷伊的说法，依附理论最主要的缺陷，或许是“依附论者在形成依附和非依附的概念时，不是将它们作为连续的渐变的状态，而是作为对立的、突变的状态……这个模式的支持者持这一观点，其意思显然是非依附是可能达到的，尽管他们努力不给非依附下明确的定义，也不认真考虑不依附的经济是怎样的”[②]。在事实上，所有依附论者都声称，现在美国对拉美等第三世界经济和政治的渗透比以往任何时候都更加严重，并且都将独立于美国或资本主义国际体系之外的好处看得太多。总而言之，依附理论只看到国内外权力资源的局限性，看不到边缘国家的创造性和对危机的适应性，把世界看作是一种可随时间进行自我复制的等级秩序。发展型国家理论研究则表明，依附性不是一种决定性的国际结构，而是一系列不断变化的约束，在这种约束下个体民族国家有其驾驭的空间。[③]

隐藏在发展型国家范式背后的制度主义框架，也对新古典主义发展理论

---

① 参见[日]富永健一:《“现代化理论”今日之课题——关于非西方后发展社会发展理论的探讨》，载[美]塞缪尔·亨廷顿等:《现代化:理论与历史经验的再探讨》，上海译文出版社1993年版，第110—111页。

② [美]约翰·W. 斯隆:《依附论的主要欠缺》，载[美]塞缪尔·亨廷顿等:《现代化:理论与历史经验的再探讨》，上海译文出版社1993年版，第141页。

③ 参见 T.J.Pempel，“The Developmental Regime in a Changing World Economy”，in Meredith Woo-Cumings edited，*The Developmental State*:*East Asia's Political Economies Reconsidered*，Ithaca and London:Cornell University Press，1999，p.143。

的单维度和普遍主义的逻辑进行了重要的批评，这种新古典主义发展理论在无视历史、制度和政治背景的情况下，强调建立一个自由市场的一系列具体政策。制度主义的逻辑也确认一系列政策，也就是与东亚背景下 GNP 的高速发展率相关的市场扩张策略工业政策。但分析同样明确指出，这种政策的制定和实施是由具体的政治制度前提推动的。这种主张得出的推论是，在缺乏相关的制度和政治结构或背景的前提下，同样的政策将会是反生产力的或至少是无效的。① 发展并不一定是看不见的手的消极结果。发展型国家强调官僚政治权力可以为国民经济的健康作出积极有效的贡献。② 从这种观点来看，自由市场并非某种普遍有效的科学原则，它实质上是一种“市场意识形态”③。

由此，发展型国家范式成功的经验，暗示了多种经济发展道路的可能性。与后发展理论密切关联，发展型国家对各种被广泛接受但却又高度简单的模式提出了挑战。发展型国家主义者认为，并不是所有采取相似历史道路的国家都朝向相似的目的论目标。④ 在发展进程中，政府与市场的互动是多元的，发展中国家经济政治发展道路在现实中呈现出多元性。⑤ 约翰逊在《日本：谁统治？发展型国家的兴起》明确指出：“资本主义不是单一的（将来也不会是），它也不是由单一的、高度概括性的理论就能轻易解释的……寻求描述历史和社会变量与政治经济行为之间相互作用的‘政治经济’，才是理解复杂当

---

① 参见 Ziya Onis，“The Logic of the Developmental State”，*Comparative Politics*，1991，24（1），p.125。

② 参见 T.J.Pempel，“The Developmental Regime in a Changing World Economy”，in Meredith Woo-Cumings edited，*The Developmental State：East Asia's Political Economies Reconsidered*，Ithaca and London：Cornell University Press，1999，pp.140－141。

③ Jeffrey Henderson，Richard P.Applebaum，“Situating the state in the East Asian development Process”，in Applebaum and Henderson，eds.，*States and Development in the Asian Pacific Rim*，Beverly Hills：Sage，1992，p.19.

④ 参见 T.J.Pempel，“The Developmental Regime in a Changing World Economy”，in Meredith Woo-Cumings edited，*The Developmental State：East Asia's Political Economies Reconsidered*，Ithaca and London：Cornell University Press，1999，pp.141－142。

⑤ 参见 Ziya Onis，“The Logic of the Developmental State”，*Comparative Politics*，1991，24（1），p.125。

代资本主义国家的关键。”①单纯就理论而言，发展型国家理论的解释也看起来比新自由主义的、以市场为中心的研究更接近现实。②

（四）积极的制度效应：为权威主义国家的资本主义发展提供制度借鉴

发展型国家独特的制度框架不但解释了权威主义国家如何能够与快速的资本主义发展相融合的问题，为比较政治经济学关于国家能力的讨论提供了重要的资源，而且为其他发展中的权威主义国家提供了具有吸引力的制度借鉴。

一个重要的洞见涉及“强国家”观念的确实含义。发展型国家理论认为强国家不仅以一个高度的官僚自主性和官僚能力为特征，而且以在市民社会内部存在的官僚精英和自主权力中心之间高度建制化的对话和互动为特征。我们理解强发展型国家的关键是“专制的”（despotic）和“基础的”（infrastructural）国家权力之间的区分。“专制权力”（despotic power）或者我们宁愿称之为“强制的自主性”（coercive autonomy）是与高度集中的权威主义国家相关的，在这样的国家里，国家精英在没有与市民社会中的组织进行常规的、建制化的商议的前提下作出决定的同时，对经济和政治活动进行广泛的调节。相反，“基础权力”（infrastructural power）则意味着国家通过社会中的商议和合作进程来渗透社会，组织社会关系以及实施政策。要强调的一点是，高度集中的权威主义国家拥有“专制权力”，但不一定拥有允许它们引导民众认同它们政策的、组织和协调社会的以及为长期发展动员资源的“基础权力”。相对于社会压力的某种程度的自主性是进行有效政府干预的前提。但专制权力和基础

① David Donald，“Review”，*The Economic Journal*，1998，108（448），p.901.

② 参见 Bob Jessop，“A Regulationist and State-theoretical Analysis”，in Richard Boyd，Tak-Wing Ngo（ed.），*Asian States：Beyond the Developmental Perspective*，London and New York：Routledge Curzon，2005，p.23。

权力的区分暗示着“国家自主”和“国家能力”并不存在直接的、线性的关联。从长期经济转型的观点看,最成功的国家是那些能够与自主权力中心合作的国家。①

埃文斯也指出,发展型国家的自主性是与没有目的的、绝对主义控制的掠夺型国家完全不同的,它是镶嵌在具体社会关系中的自主性,这种社会关系把国家和社会连接起来,并且为目标和政策的持续商谈和再商谈提供制度渠道。这种“嵌入式自主”的具体特性必须被看作是一种国内外因素相互结合的历史产物。② 埃文斯用来描述第三世界强发展型国家的“嵌入式自主”观念,在发达工业化经济背景的某个强大国家的合作主义文化中也能找到其直接的对等物。在合作主义文化中,国家在对劳动力最高社团和私人企业进行合作主义安排的创造和巩固过程中扮演着重要的角色。合作主义安排有助于控制膨胀的收入政策和为了工业转型顺利进行的部门调整政策的实施。国家建立和巩固合作主义结构的能力依赖于两种基本的特征:第一,在政策的形成和实施过程中国家必须拥有足够的自主性以免被特殊利益集团压倒。第二,国家必须“足够弱”以至于能够认识到权威地推行一种政策的成本会超过它的好处。另外,国家也必须愿意把一些它最特别的资源、合法化权威转移到那些它没有或无法控制的组织当中去。

选择性的干预主义构成强国家的一个基本特征。这样的国家看上去能够把它们的注意力集中在增加生产力和营利性之上,并且限制它们对长期经济转型的策略要求进行干预。在经济转型进程中,国家发挥它的策略作用所必需的,既不是大型公共部门,也不是大型公共企业部门。事实上,恰当规模的公共部门,加上普遍深入的补助和控制,促进了特别利益集团的繁殖,而

---

① 参见 Ziya Onis,“The Logic of the Developmental State”,*Comparative Politics*,1991,24(1),p.123。

② 参见 Peter B.Evans,“Predatory,Developmental,and Other Apparatuses:A Comparative Political Economy Perspective on the Third World State”,*Sociological Forum*,1989,4(4)。

这些集团的“寻租”活动将严重阻碍着国家进行有效干预的能力。相似地，一个超级巨大的公共企业部门通过委托关系的出现可以破坏中央政府的力量。与发展型国家相关的干预类型包括三种主要方式：第一，与通过教育、培训和研究建立经济基础的进程相比，对工业生产的直接占有和控制是次要的。第二，在促进劳动和管理之间的合作关系方面国家扮演着一种重要的角色。第三，也是最重要的，在创造比较优势方面国家发挥了主导的作用。国家专注于为经济发展和行业调整创造条件，而在实施直接控制方面则是节制的。隐藏在这个进程背后的一个重要特征是，国家与市场共同发挥作用，并促进市场的发展。市场是被当作工业政策的一种重要手段而使用的，通过它把一些特定的行业抛在国际竞争的压力之下。发展型国家把市场看作是长期经济转型手段中的一种。国家进行选择性的、策略性的干预能力是基于一个强大的管理型能力的存在的。另外，重要的不是官僚机器的规模，而是它的连贯性（一致性）。发展型国家的特色有：紧密组织的、相对小规模的官僚结构，这些官僚结构具有韦伯主义的特征——即高度选择性的、精英的任用模式和长期的职业回报，这些特征加强了官僚精英之间的团结和合作。①

由此可见，正是这种以选择性干预为基础的强国家或者是嵌入式自主的国家（也相当于韦德的“管制市场”和阿姆斯登的“引导型市场”，只不过他们是从市场的角度阐述这种“强国家”的特征）使得资本与权威主义国家之间的融合成为可能。而这种“嵌入性自主”的“强国家—强社会”的制度框架无疑也为其他发展中国家的建构提供了可靠的制度借鉴。

总而言之，东亚发展型国家和地区以独特的产业政策、紧密的公私合作为基础的发展范式，是建立在东亚社会特定的历史制度条件之上的，它在特定的历史时期发挥了积极的经济、社会、理论和制度效应，把东亚推向新兴工业化

① 参见 Ziya Onis，“The Logic of the Developmental State”，*Comparative Politics*，1991，24(1)，pp.123-124。

国家行列。而它成功的制度经验无疑也有力地打破了新自由主义的神话，有效地批判了任何普适性主张，暗示了发展道路的多样性，并为其他发展中国家的国家建构提供了有启发性的制度借鉴。

二、发展型国家范式的挑战

诚然，发展型国家范式在推动东亚社会经济社会快速发展方面发挥了极大的积极效应，一举把东亚国家和地区从落后的后发展国家提升到新兴工业化国家和地区行列，创造了一段时期内经济高速发展的模式。但是，在对以往发展模式进行批判性继承和对"东亚经验"进行积累性总结的过程中，这种发展范式仍然具有诸多局限性，要么是扬弃不充分，要么是矫枉过正。比如，它作为一种发展范式，只扬弃了先前各种发展理论的手段，并没有扬弃其目标，反而片面突出了发展主义，陷入经济发展主义的泥淖；对新自由主义反革命的批判，过分强调了国家的功能和作用，落入国家主义的窠臼；它过分强调东亚国家的权威合作主义特征，无视这种特征随历史环境所发生的变化。特别是，随着全球化的普遍深入，以及发展型国家社会政治经济结构的变化，发展型国家范式开始受到质疑。亚洲金融危机更是一种转折点，尽管早期的敬慕者羡慕着东亚发展型国家战胜了其他发展中国家，但今天的危机警示着"道德危机"和其他不期而至的非法实践，尤其是金融部门的脆弱。① 发展型国家范式面对新的历史环境开始体现出种种局限性。

（一）经济发展主义的挑战：社会问题的凸显

发展型国家范式具有经济发展主义的倾向。现代化理论、新自由主义和依附理论就是要解决现代社会的发展问题，认为经济增长是社会进步的先决

① 参见 Vincent Wei-Chen Wang，"Review"，*The American Political Science Review*，1999，93（4），pp.990-991。

条件,把经济增长作为主要目标。[①] 发展型国家范式是在扬弃这些理论主张的基础上建立起来的,但它仅扬弃这些理论关于发展的手段,并没有扬弃其关于发展的目标,反而把经济发展的目标更加凸显了。

发展型国家把发展作为优先目标,陷入经济还原主义的泥淖。它只从一种发展范式看待国家,把某种国家形象特权化,突出国家的一个单独方面。然而,能否在一个国家机器的整体之中找到一个优先方面呢?优先方面可能是经济发展、民族安全、国内的合法性和国际关系等。相对于其他方面经济发展具有压倒性的优先性吗?约翰逊说:"克服经济萧条需要经济发展,战争准备和进行需要经济发展,战后重建需要经济发展,脱离对美国帮助的依赖需要经济发展。"[②]由此,发展型国家理论者这样辩论道,它们是同质的,都可以还原为经济发展。但国家是复杂的且充满矛盾的。发展型国家片面强调国家的经济方面,无视国家的复杂性和矛盾性,在政策制定上不免具有种种片面性。而就理论而言,发展型国家理论最多也只是一种政治经济的弱理论和狭窄建构理论。[③]

诚然,这种经济发展主义曾经发挥了积极的效应,但随着历史环境的变化,这种经济发展主义开始体现出它的局限性。尤其是,金融危机直接导致的社会危机更是质疑了这种发展主义政策的有效性。在金融危机前,东亚长期保持着快速的经济增长,在减少贫困和提供人民福祉方面取得了相对成就。但亚洲金融危机使得这一切瞬间破灭,严重的经济危机引发了广泛的社会危机。原有福利制度的设计都基于完全就业这一假设之上,在经济快速发展时

---

① 参见许宝强:《前言:发展、知识、权力》,载许宝强、汪晖选编:《发展的幻象》,中央编译出版社 2001 年版,第 1 页。

② [美]查默斯·约翰逊:《通产省与日本奇迹》,戴汉笠等译,中共中央党校出版社 1992 年版,第 319 页。

③ 参见 Richard Boyd, Tak-Wing Ngo, "Emancipating the Political Economy of Asia from the Growth Paradigm", in Richard Boyd, Tak-Wing Ngo(ed.), *Asian States: Beyond the Developmental Perspective*. London and New York: Routledge Curzon. 2005. p.9。

期，完全就业是有可能实现的，但在经济危机时期，这种条件被打破。许多公司为了应对危机作出了减员和减薪等措施，直接导致工人收入的减少以及失业率的急剧下降。当时的政府无法立刻对这突如其来的失业大军作出有效反应，从而引发了严重的社会危机，而这样的社会危机恰恰揭示了原有东亚发展型福利制度的脆弱性。为此，发展型国家必须重新审视其发展主义的倾向，重新审视经济政策与社会政策之间的关系。

（二）经济国家主义的挑战：全球化、信息革命与后福特主义

"正是国家，把现代化看作是一个目标，把工业化看成是一种手段。它匆忙急促地催生新的经济，并不屈不挠地推动它，犹如一位充满热望的母亲期望其孩子是一名神童一样。虽然这孩子已经成长起来并发展了自己的资源，可是，他永远不会克服这位强有力的培育者施诸于他的缺陷。"①尽管发展型国家努力从一种制度主义的视角出发来分析问题，但由于它对自由主义批判的矫枉过正，以及对东亚权威主义政府的过分强调，它仍然是一种经济国家主义的视角，它强调"国家官僚"在发展中的主导作用。它把国家描述为一个内部连贯的、统一的行为者，不能整体、辩证地揭示国家结构内部运转的复杂性和动态性。它把国家等同于官僚，也陷入了还原主义的窠臼。② 发展型国家吸收了一个狭义意义上的韦伯主义，只强调合法性、理性和工具性。只强调了经济官僚在发展中的作用，并错误地把官僚看作是不食人间烟火的。把国家看作是纯粹理性的工具，把有效的国家机构看作是发展型国家范式的核心因素。韦伯主义的视界使得发展型国家理论者无视政治冲突在国家发展

① 转引自［美］布赖斯·卡明斯：《东北亚政治经济学的起源和发展：工业部门、生产周期及政治后果》，载［美］弗里德里克·C. 戴约：《东亚模式的启示——亚洲四小龙政治经济发展研究》，王浦劬译，中国广播电视出版社1992年版，第40页。

② 参见 Steven Chan，Cal Clark，Danny Lam，"Looking beyond the Developmental State"，in Steven Chan，Cal Clark，Danny Lam edited，*Beyond the Developmental State：East Asia's Political Economies Reconsidered*，London：Macmillan Press，1998，p.11。

中的影响。[①] 然而,国家官僚真的是完全去政治化地、脱离社会地,以及理性地追求一种不证自明的国家利益的吗? 诚然,在某种特定的历史条件下,东亚发展型官僚确实比拉美和撒哈拉沙漠以南地区的国家官僚更有理性、更有效率。但随着历史条件的变迁,它无疑受到了质疑。其挑战具体表现在以下几个方面。

第一,全球化挑战了这种经济国家主义。发展型国家范式把主权国家看作是唯一的研究尺度,考察主要集中在国内问题,忽视了国际背景。但是,正如葛力·格里夫(Gary Gereffi)对东亚经济跨国"商品链"的研究所指出的,一个国家在不同链条中的位置不能完全由解放的市场力量和蓄意的国家政策来解释。产业升级不仅是市场和国家的原因,它更是一种复杂混合背景的结果。国家不是一个孤岛,它存在于一个竞争的国际体系当中,国际体系对国家的力量、自主性、嵌入性和凝聚力有着非凡的影响。[②] 全球化普遍深入的今天,国际组织和跨国公司的影响力日益壮大。于是,随着一个更自由更开放的社会市场结构的产生,国家官僚已无法摆脱来自社会各方面的压力,不仅国内各阶级利益需要加以考虑,跨国资本的利益也开始纳入其考虑范围。由此,国家官僚的自主性及其曾经被称颂的"计划理性"受到了挑战。然而,全球化的影响已渗透到发展型国家的每个角落,仅依靠官僚能否作出应对众多变动因素的"计划理性"选择? 显然,仅依靠精英的"计划理性"无法应对全球化所带来的不确定性。亚洲金融危机就是这种僵硬的政策范式无法应对这种不确定性所直接导致的。发展型国家理论局限于本国视野进行理论概括并不能反映国家的真实情况,国家政策的制定者把政策尺度局限在民族国家也将失去其有

---

① 参见 Richard Boyd, Tak-Wing Ngo, "Emancipating the Political Economy of Asia from the Growth Paradigm", in Richard Boyd, Tak-Wing Ngo(ed.), *Asian States: Beyond the Developmental Perspective*, London and New York: Routledge Curzon, 2005, pp.1-3。

② 参见 Gary Gereffi, "More than the Market, More than the State: Global Commodity Chains and Industrial Upgrading in East Asia", in Steve Chan, Cal Clark, Danny Lam edited, *Beyond the Developmental State: East Asia's Political Economies Reconsidered*, London: Macmillan Press, 1998, pp.38-58。

效性。

以日本发展型国家经济国家主义受到的挑战为例。可以说，日本过去的以国家为主导的产业政策是为了“一国的经济繁荣”、“一国的和平”、“一国的安全”和“一国的价值”。其经济的成功取决于一个发展型政府的存在，这种政府努力通过选择性的产业政策和发展型的社会政策来保障经济增长期间的政治稳定。然而，从国际视角来看，这样的政府并不是孤立的，更不是超越历史的，它既受到国际环境的制约又受到历史条件的制约。以国家主导的发展主义在一国或几国的实践不可避免地会造成跨国间的经济不平等，其中一个可量化的指标就是贸易的顺差额和逆差额，从而有可能产生国家间的紧张或冲突。20世纪日本经济国家主义的成功依赖于美国吸收日本庞大的工业制成品出口的能力和意愿。随着跨国合作的发展，以及美国逆差的进一步恶化，美国不再愿意在贸易不平衡的条件下无限度地吸收日本的出口产品。这种改变无疑挑战了日本等强调国家竞争力的经济国家主义国家。日本产业政策的经济国家主义不仅受到西方国家的强烈批评，而且更具讽刺意味的是，当这种经济国家主义被某些发展中国家引进之后，它们反过来威胁着日本的经济国家主义产业政策。①

第二，信息革命和后福特主义的来临也对这种经济国家主义提出了挑战。东亚发展型国家和地区逐步形成的以国家导向产业政策为基础的经济体制，是与以制造技术、同质性和熟练工人为基础的大规模生产相适应的。换言之，它类似于一种福特主义②生产体制（在企业生产方式、国家干预等方面体现出某些相似性，但在福利和工资制度上却有着差别）。而世纪之交新一轮的信息革命，要求发展型经济在开发制造产品技术和利用产品技术之间进行“第二次产业分工”，采用具有高密集度信息和知识特点的技术，其功能不是生产

① 参见[美]高柏：《经济意识形态与日本产业政策：1931—1965年的发展主义》，安佳译，上海人民出版社2008年版，第238页。

② 参见本文第四章第三部分。

最终产品，而是使利用者满足自身的各种需要。利用产品的技术在竞争上要求单个企业的灵活性和雇员的高度创新能力，也就是呼吁一种熊彼特主义的后福特主义①。这一点又和市场的动态发展、个人主义、高度工作流动性以及绩优工资体制紧密相关。在过去，以国家干预的产业政策为核心的经济国家主义保护某些产业对整个国家的经济发展有着重要作用，但在这种新的环境下，这些产业耗尽了因边际成本下降带来的增长潜力，那种旧式的经济国家主义保护是否仍有必要，这不得不打上一个问号。如果要转向一种后福特主义生产模式，那么制度化的干预就不得不受到个人主义和高度工作流动性等方面的挑战。此外，这种制度化干预的经济国家主义还带来其他很多问题，比如，20 世纪 90 年代“由住房贷款引发的日本金融体系的危机”，它表明，“经济的动态发展受到了政府规制的制约，在最近这次衰退中，日本政府反应迟缓就是一个好的例证”②。

可见，经济全球化首先对这种国家主义倾向提出了挑战：一方面，在经济全球化当中，国家正在不断空心化和去民族化；另一方面，脱域资本（disembedded capital）愈益在全球流动，外部直接投资的兴趣不断增长。③ 其次，面对快速转变的信息工业和“后福特主义”工业结构的非集中化，发展型国家范式愈显生硬而顽固。20 世纪 90 年代，在快速转变的市场中，发展型国家的企业面临着越来越多的困难。在应对愈发国际化的经济中，发展型国家暴露出的软弱性，就像 1997—1998 年金融危机所展现的那样。灵活的地区经济、分散的跨国技术和金融网络的出现，破坏了发展型国家的原有范式。④

① 参见本文第四章第三部分。

② ［美］高柏：《经济意识形态与日本产业政策：1931—1965 年的发展主义》，安佳译，上海人民出版社 2008 年版，第 239 页。

③ 参见 Bob Jessop，“A Regulationist and State-theoretical Analysis”，in Richard Boyd，Tak-Wing Ngo（ed.），*Asian States：Beyond the Developmental Perspective*，London and New York：Routledge Curzon，2005，pp.29–30。

④ 参见 Sean O. Riain，“The Flexible Developmental State：Globalization，Information Technology，and the ‘Celtic Tiger’”，*Politics & Society*，2000，28（2），p.157。

（三）权威合作主义的挑战：新中间阶级与公民社会的兴起

用合作主义来描述东亚发展型国家的国家社会结构以及来解释它们的经济奇迹，它的合法性首先受到了理论上的质疑。许多学者指出，这种权威合作主义安排本身不能解释为什么东亚国家选择追求策略性工业政策，以及为什么这样的政策在实践中被证明是如此有效的。他们认为，权威合作主义只是一个松散的范畴，只能在一种描述性的层面上具有意义。即使是韦德也指出，不可能从潜在的合作主义政治安排当中推论出国家力量的程度或具体政策的选择。此外，奥尼斯更是指出了合作主义解释框架的理论困境：根据理论推论，合作主义安排是有助于达到这些目标的，如宏观经济的稳定、收入的重新分配以及福利国家的建立。然而，这些目标与发展型国家权威合作主义几乎是不相关的，恰恰相反，发展型国家正是排斥这些目标的。①

而在有些左翼学者当中，更是形成了一种强有力的反合作主义学派。瓦里（Vally，B.）、哈里斯（Harris，L.）和布恩第（Bundy，C.）等人在更为广泛的意义上使用“合作主义”的概念，它包括不管以何种形式（社会契约、三方合作等）伪装的“工人阶级与资产阶级”的合作。瓦里在《一种社会契约：是前进的道路吗？一种批评性考察》一书中指出，合作主义将弱化工人阶级的力量，增强资产阶级的力量，进而延长资本主义的寿命。而哈里斯则指出，左派已经放弃了对可见未来社会主义建构的任何希望，而满足于一种合作主义。认为合作主义代表着社会主义方向的一种进步，这种观念是自欺欺人的。瓦里同时指出，合作主义甚至是在其自身的概念的意义上也是不可能在第三世界国家实现的——因为国际金融体系是脆弱易碎的，世界贸易的发展正在减缓，贸易冲突不可能有利于非洲等第三世界国家。布恩第则集中攻击“各种激进改革方法”，认为它们是一种妥协和投降，而不是一种斗争。他提醒读者，没有一

① 参见 Ziya Onis，“The Logic of the Developmental State”，*Comparative Politics*，1991，24(1)，pp.119-120。

种代表大众的斗争,资产阶级是不会放弃其权力的。[1]

诚然,在资本主义发展型国家当中,这种激进批判只能是边缘性的。然而,即使从资本主义发展型国家自身的发展要求而言,这种权威合作主义也受到新环境的挑战:一方面,随着东亚地区从泰勒主义的积累模式向福特主义积累模式的转变[2],以高技术人员和所谓"白领"阶层为核心的新中间阶级日益成为东亚社会的主导力量。这一新中间阶级的兴起,直接质疑了以精英领导集团为核心的权威主义的合理性。以精英为基础的权威主义是与战后泰勒制积累模式相适应的,也就是说与战后满目疮痍、大众阶层对市场知识十分陌生且没有掌握现代技术技能,以及缺乏领导和组织的状况相适应的。而新的生产积累模式使得旧有权威主义失去了其经济基础。同时,新中间阶级还在不断推动民主化进程。"作为理性文化的承担者,东亚的新中间阶级同样信仰多元主义和自由主义,强调个人利益的最大化,力图不断改变以诸种以世袭的特权、专制独裁的权力和特殊的社会、政治关系为基础的政治制度和社会制度。"

另一方面,从20世纪90年代开始,在东亚,对政治和官僚的逐渐不信任,国家能力的诸种缺乏,以及私人部门对社会需要作出的反应,导致了第三部门在该地区的兴起。[3] 在这些来自底层和外部力量的作用下,东亚 NGOs 数量迅速增加。据世界银行的报告,自20世纪80年代以来,在东亚部分地区活动的 NGOs 数量几乎翻了一番。在21世纪初,包括劳动组织、妇女组织、志愿性

① 转引自 Geoff Schreiner,"Beyond corporatism-Towards Nes Forms of Public Policy Formulaiton in South Africa",*Transformation*,1994,23,pp.2-3。

② 实行血汗工资制,榨取工人的绝对剩余价值,以国内众多劳动者的低廉工资以及出口低成本商品换取生产规模的扩大,是泰勒主义积累模式的基本特征。而福特主义则以现代高新技术(主要有电力、电子、化工、机械和运输等)与高薪劳动相结合、大量生产和大量消费相结合为特征。

③ 参见 Muthiah Alagappa,"Introduction",in Muthiah Alagappa Edited,*Civil Society and Political Change in Asia*,*Expanding and Contracting Democratic Space*,Stanford,California:Stanford University Press,2004,pp.11-12。

团体、社会福利团体、环保组织、人权组织等，东亚地区至少有数百万个NGO活动在社会生活的各个领域。① 大量NGOs的涌现，意味着一种东亚公民社会正在兴起，它意味着东亚社会组织原理和社会组织系统的重大变化，政府职能的重新调整，以及政府和公民之间乃至资本之间关系的根本转向。这同时意味着，东亚的发展开始由国家、政府主导转为由市场、社会主导。

总之，在这种进程中，原来以“强国家—弱市民”社会为基础的权威合作主义格局被打破。私人经济领域的自主性得到增强，发展型国家的权力和自主性受到削弱。“当市场更少地从国家那里获取资本，而更多地从国际流通和资本市场获取资本的时候，将会使得市场有更少的理由追随（尤其是服从）国家了。金融的全球化把控制杠杆转向市场，国家的权力减少了。”②为了提升国内经济的国际竞争力，在国家的影响和指导下，大量经济团体、财阀发展起来。这些社团财阀的强大影响了发展型国家的自主性。因此，为了能够成功协调这些利益，发展型国家需要更完善的机制，发展型国家须重估其存在的理由和目的。③

（四）发展型国家的合理性危机和合法性危机：“革命国家主义”的褪色与发展失灵

哈贝马斯认为，“合理性的欠缺是国家行政管理的危机，当政府不能管理根源于经济体系的矛盾时就会发生”④。正如上述三点指出，发展型国家也面临着合理性危机。首先，发展型国家有组织的经济计划与脱域的全球流动资

① 关于东亚等国NGOs的发展状况参见李文：《东亚社会变革》，世界知识出版社2003年版，第287—288页；崔志鹰：《试析韩国市民社会的发展》，《国际观察》2000年第4期。

② Eul-Soo Pang, “The Financial Crisis of 1997-98 and the End of the Asian Developmental State”, *Contemporary Southeast Asia*, 2000, 22(3), p.583.

③ 参见Bun Mee Kim, “Contradictions and Limits of a Developmental State: With Illustrations from the South Korean Case”, *Social Problems*, 1993, 40(2), pp.242-243。

④ ［英］帕特里克·邓利维、［英］布伦登·奥利里：《国家理论：自由民主的政治学》，欧阳景根、尹冬华、孙云竹译，浙江人民出版社2007年版，第183页。

本的“无政府状态”难以相容。其次,发展型国家对发展的计划也难以按照发展型国家的旧策略把被排斥的劳动力和新兴的公民社会力量融合起来。克劳斯·奥菲对资本主义福利国家合理性危机分析的某些方面,也适用于对发展型国家合理性危机的分析:一方面,官僚主义的决策比较死板,不能起到推动计划或包容外部社会利益来帮助执行计划的作用;另一方面,技术专家的决策模式与合法性的民主标准相抵触。①

马克斯·韦伯的合法性概念是经验主义的合法性概念,以大众是否赞同的经验作为合法性的基础。而规范主义的合法性概念,则把某种美德、正义作为合法性的基础。哈贝马斯重建了合法性概念,力图把经验主义和规范结合起来。由此,合法性意味着某种政治秩序为大众所认可,但这种认同是同一定的社会规范联系在一起的,而不是简单地建立在人们赞同的有效性基础上。②

东亚“革命国家主义”是一种来自战争和帝国主义并以各种方式表达的国家主义。成功的资本主义发展型国家是准革命制度的,它们实施它们社会崇尚的社会计划。约翰逊在《农民国家主义和共产主义权力》首次清晰表达了他关于现代东亚国家主义本质的思想,它包括战争在建立社会动员制度的重要性,以及意识形态在革命社会转型中的作用。③ 这种独特的国家主义赋予东亚发展型国家一定的合法性。对约翰逊来说:“发展型国家的权威不是来源于韦伯的传统型、合理合法型以及超凡魅力型的‘神圣的三位一体’,而是来自一种革命权威:一种民众忠于他们的社会、政治或经济秩序转型的权威。”④日本

① 参见[英]帕特里克·邓利维、[英]布伦登·奥利里:《国家理论:自由民主的政治学》,欧阳景根、尹冬华、孙云竹译,浙江人民出版社 2007 年版,第 183 页。

② 参见陈炳辉:《西方马克思主义的国家理论》,中央编译出版社 2004 年版,第 168—169 页。

③ 参见 Chalmers Johnson, *Peasant Nationalism and Communist Power*, Stanford University Press, 1962; Chalmers Johnson, “Peasant Nationalism Revisted: The Biography of a Book”, *China Quarterly*, December 1977, pp.766-785。

④ Chalmers Johnson, “The Developmental State: Odyssey of a Concept”, in Meredith Woo-Cumings edited, *The Developmental State*, Ithaca and London: Cornell University Press, 1999, p.53.

是"一个为战争而动员的、但在和平时期从不复员的经济"①。而对韩国来说，也正是日本在这个战争时期的殖民主义把日本的发展模式移植到了韩国。②

同时，这种革命国家主义的传统同样在发展型国家合法性的巩固中起到至关重要的作用。一方面，它影响着发展型国家官僚的思维方式，这些官僚部分参加过战争③，具有坚定的意志和强烈的民族国家主义情感。这些官僚的战争逻辑同样决定了这些国家行动的尺度，把社会经济的发展置于民族生存的紧急要务之下。于是，把经济发展作为第一要务，认为这是摆脱美国通过援助对它们国家进行影响和控制而获得民族振兴的主要手段。另一方面，革命国家主义作为一种意识形态已经成为东亚人民群众的一种潜意识，以革命国家主义思维方式推行的发展型战略易于在东亚人民群众中获得认同。而这种以经济为优先目标的发展战略在东亚所取得的成功，使经济国家主义成为革命国家主义意识形态的新形态。由此，发展型国家合法性的获得和巩固必然建立在这种一种带有革命色彩的经济国家主义之上，只有成功的经济表现才

---

① Chalmers Johnson, *Japan, Who Governs? The Rise of the Developmental State*, New York: W.W. Norton, 1995, p.10。转引自 Meredith Woo-Cumings, "Introduction: Chalmers Johnson and the Politics of Nationalism and Development", in Meredith Woo-Cumings edited, *The Developmental State*, Ithaca and London: Cornell University Press, 1999, p.8。

② 参见 Atul Kohli, "Where Do High-Growth Political Economics Come From? The Japanese Lineage of Korea's 'Developmental State'", in Meredith Woo-Cumings edited, *The Developmental State*, Ithaca and London: Cornell University Press, 1999。阿图尔·科里(Atul Kohli)认为日本殖民主义在以下几个方面对韩国发展型国家的形成产生了影响：首先，在日本的影响下，韩国国家从一种传统地主官僚转向高度权威主义的、渗透性的组织；其次，新殖民政府的生产倾向与主要阶级结成联盟，这个联盟给予国家控制和转型的能力；最后，殖民政府在城市和农村对低层阶级残酷镇压和系统控制，这种国家阶级结构有助于为一种政治经济的演化创造一种框架，这种政治经济框架既是压制性的，又是高速发展的。

③ "战争不是目标，也不是意图，甚至不是政治的内容。但它是一种可能性，它是这样一种主要的假设，它在人类行动和思考的独特方法中起作用，并由此创造了一种特别的政治行为……政治并不存在于战争本身当中，战争拥有其自己的技术、心理和军事规律，而是存在于行为的模式当中，这种行为模式就是由这种可能性决定的，这种可能性清楚评估具体形势并由此可以正确地区别真正的朋友和真正的敌人。"参见 Carl Schmitt, *the concept of the political*, New Brunswick: Rutgers University Press, 1976, p.37。

能使发展型国家的合法性得到巩固。然而,随着历史环境的变化,给予发展型国家合法性的革命国家主义在发展型国家当中是否仍然发挥着同等重要的作用,这是值得质疑的问题;另外,正如上述指出的,发展型国家固有政策的有效性也受到质疑,而最主要的失败经验就是 1997—1998 年的金融危机。为此,发展型国家有必要重新寻求其合法性的来源。

三、超越发展型国家

发展型国家是东亚特定历史的产物,它具有其特定的历史合理性,在特定的历史时期它发挥了积极的经济社会效应,为东亚的崛起作出了贡献。但是,历史唯物主义告诉我们,随着经济基础的变化,上层建筑就会产生与生产力不相适应的情况。所以,随着历史环境的变化,发展型国家在实体进程中逐渐呈现出上述的种种局限性。为了克服这些局限性,必须把它置于新的现实背景之下,尤其是亚洲金融危机这一事件所引发的一系列理论和现实的反应中,探寻发展型国家范式的出路。

(一)超越发展型国家范式的直接动力:亚洲金融危机引发的理论争论

亚洲金融危机既对发展型国家范式提出了挑战,同时也成为超越发展型国家范式的一种转折点。亚洲金融危机,引发了国内外学术界不同声音的回应,这些回应为超越发展型国家范式提供了直接的动力和各种有益的思想资源。

就 1997—1998 年亚洲金融危机爆发的原因,学术界存在着激烈的争辩。首先,以新自由主义为主导思想的 IMF 和世界银行认为,金融危机直接“是因为亚洲国家的金融部门没有实现足够的自由化,没有按西方的标准改造国内银行,使之成为有很高透明度并以市场为导向来配置资源的机构,没有建立适当的国际金融监管制度,没有执行谨慎的政策来控制过度借贷”①。而这种金融制度的缺陷则被指责为该地区的政治权贵和企业巨头实行了“裙带资本主义”(crony capitalism)。2008年诺贝尔经济学奖获得者克鲁格曼就是这种观点的典型代表。他认为,“亚洲价值观”有其固有的劣根性,正是因为东亚的这种劣根性导致了亚洲的金融危机:

> “亚洲价值观”有其固有的劣根性,这种人事关系上的“裙带资本主义”在金融领域表现为,只要借款人与政府关系良好,那么即使是有疑问的投资,银行也乐于贷款。甚至在危机前外国银行仍在给亚洲国家贷款……金融过度是由过度的政治影响所支持的,然而“酒醒之后的早晨”并不是亚洲独有的。亚洲受罚的独特之处不是错误本身的可怕,而是这种惩罚的严重性。②

而1998年诺贝尔经济学奖获得者阿马蒂亚·森则从自由和发展、社会和经济之间关系的角度阐发了他的自由主义解释。比起某些偏颇的新自由主义者的解释,他的解释更具深刻性和客观性。他批判性地解释了“亚洲价值观”这个概念,指出“在东亚那样的地区,或者甚至在日本或中国和朝鲜等国家的一国之内,多种文化和传统相互重叠,试图从中概括出‘亚洲价值观’……就只能是极端的粗制滥造”③。同时,他也批判了西方思维模式对亚洲价值这样的偏见,即认为政治自由和民主所具有的首要地位是西方文化中的一种基本特征,而在亚洲是不容易找到的——因为亚洲价值观,比如儒家思想中就隐含了权威主义的思想。阿马蒂亚·森指出亚洲价值观本身具有多样性,而即使是儒家思想本身也具有多样性,它并不排斥自由等思想。④ 尽管如此,他还是

---

① 保罗·赫斯特、格雷汉姆·汤普森:《关于亚洲金融危机的几种解释和亚洲模式的未来》,《当代世界与社会主义》2001年第5期。

② [美]保罗·克鲁格曼:《拯救亚洲:应当改弦易辙了》,《国际金融研究》1998年第9期。

③ [印]阿马蒂亚·森:《以自由看待发展》,中国人民大学出版社2002年版,第236页。

④ 参见[印]阿马蒂亚·森:《以自由看待发展》,中国人民大学出版社2002年版,第235—248页。

指出了亚洲金融危机亚洲制度本身的缺陷。他指出，金融危机在东亚和东南亚的某些国家的形成，与商业运转缺乏“透明性保证”和政治民主的“防护性保障”紧密相关。就前者而言，“不受挑战的治理权力，轻而易举地转化为对无责任核实、无透明性状况的不加质询的认可，而政府和金融头目之间的家族联系经常进一步强化了这种局面”，这使得“风险形式与不当的投资”不能“置于更严密的监视之下”，从而导致金融危机；就后者而言，“民主的保护性力量”的缺乏，危机下陷入悲惨境地的人群“得不到所需要的倾听他们说话的机会”，无疑进一步强化了危机下的人道主义悲剧。[①]

其次，发展型国家理论者则认为危机的主要原因在于IMF等国际金融机构推行的自由化政策。罗伯特·韦德（Robert Wade）首先批判了自由主义者关于东亚道德风险和缺乏透明度的论断，指出它们都是经不起现实经验的推敲的，而那种试图通过亚洲国家民族经济自由化和国际化来解决危机的思想更是不切实际的。[②] 此外，罗伯特·韦德和弗兰克·维尼罗索（Frank Veneroso）都认为，资本的开放是危机的根源，关键问题是国外金融流动破坏了东亚发展型国家中连接国家、金融机构、公司之间的健康合作关系。[③] 乔莫（K.S.Jomo）认为亚洲地区的宏观经济管理并未严重扭曲，而是金融自由化的力量破坏了国家的金融管理；裙带关系和寻租等因素在危机过程中所发挥的作用要比公众所想象的更为复杂。[④] 曼努尔·F.蒙特斯（Munuel F.Montes）在《东南亚的货币危机》一书中，通过比较泰国、马来西亚、新加坡和韩国等国金融危机的不同特点以及它们之间金融制度的差异性，指出危机是国内金融制

---

① 参见［印］阿马蒂亚·森：《以自由看待发展》，中国人民大学出版社2002年版，第180—181页。

② 参见Robert Wade，“The Asian Crisis and the Global Economy：Causes，Consequences，and Cure”，in *New Left Review*，September-October 1998，or in *Cambridge Journal of Economics*，November 1998。

③ 参见Robert Wade，Frank Veneroso，“The Asian Crisis：the High Debt Model vs the Wall Street-Treasury-IMF Complex”，*New Left Review*，March-April，1998。

④ 转引自沈红芳：《危机的理论与理论的危机》，《东南亚研究》2003年第5期。

度改革和资本市场开放“双重自由化”的结果。① 约瑟夫·林(Joseph Lim)也从东亚主要受灾国的经济发展战略在不同程度上所存在的相同缺陷,以及资本账户开放这两个方面解释危机爆发的原因。著名的社会活动家沃尔顿·贝洛(Walden Bello)亦认为,东亚危机根源主要来自两个方面:一是外部资金,其中大部分为投机资金的大量流入;二是亚洲政府在IMF自由经济思想的影响与压力下,采取了资本账户自由化和金融自由化,没有对资本的自由流入采取应有的管理措施,并缺乏经验,这是亚洲政府领导的失败。②

最后,依附理论(和马克思主义世界体系理论)者则把危机的根源归咎于东亚经济的依附性,以及东亚资产阶级和国外资产阶级的狼狈为奸。詹姆斯·格拉斯曼(Jim Glassman)运用依附理论和马克思主义的观点对泰国金融危机进行了分析,指出泰国的危机是整个经济的危机,包括所有经济循环,涉及国内外资本积累的进程,并部分根源于对剩余价值剥削的反抗。③ 第三世界网(Third World Network)和南半球焦点(Focus on Global South)④也运用世界体系理论和依附理论的观点对东亚金融危机进行分析,认为是自由化和国外资本破坏了国家主权和自主能力,从而导致金融危机,主张限制或拒绝国外资本,强调国家的自主性。⑤

新自由主义理论者把危机的根源归咎于发展型国家本身,但事实上,新自由主义政策应该为危机负主要的责任。在危机处理中,新自由主义也是失败者。就连世界银行的约瑟夫·E. 斯蒂格利茨(Joseph E.Stiglitz)也开始反思新自由主义的政策,他认为,在没有良好监管和规则的前提下,追求快速的金融

---

① 参见 Manuel F.Montes, *The Currency Crisis in Southeast Asia*, Singapore: Institute of Southeast Asian Studies, 1998。

② 转引自沈红芳:《危机的理论与理论的危机》,《东南亚研究》2003年第5期。

③ 参见 Jim Glassman, “Economic Crisis in Asia: The Case of Thailand”, *Economic Geography*, 2001, 77(2), pp.122-147。

④ 关于这两个组织网站,参见 http://www.twnside.org.sg/和 http://www.focusweb.org/。

⑤ 参见 Kevin Hewison, “Nationalism, Populism, Dependency: Southeast Asia and Responses to the Asian Crisis”, *Singapore Journal of Tropical Geography*, 2001, 22(3), pp.219-236。

自由化和资本项目开放,是导致金融危机的主要原因。[①] 国际金融机构更是受到众多的攻击:在左派看来,国际金融机构对东亚国家政策制定的过度干预毁坏了东亚千百万人的生活;在右派看来,国际金融机构没有足够的能力影响这些国家的政策,而不能够使得这些国家避免新一轮的金融风暴。克里斯·迪克森(Chris Dixon)通过对泰国经验的考察,指出基于新自由主义的 IMF 政策使得泰国发展型国家从 20 世纪 70 年代末开始逐渐衰退,这使得泰国易于受到金融风暴的破坏。[②] 约瑟夫·E. 斯蒂格利茨也指出国际金融建筑的脆弱性在 20 世纪后 25 年就体现出来了,其资本和金融市场自由化的主张与这种脆弱性密切相关。[③]

发展型国家理论者把所有的责任推卸给新自由主义政策也是缺乏客观态度的。如上节所述,发展型国家理论具有诸多局限性,它在全球资本流动中体现出其固有的刚性,无法灵活应对新的变化,这也是造成危机的主要原因。许多学者开始反思发展型国家模式。里奥丹·罗伊特(Riordan Roett)和鲁斯尔·克兰多(Russell Crandall)认为,亚洲金融危机促使人们必须重新审视亚洲模型,这些亚洲政府部分采取了 IMF 金融和资本项目自由化建议,加上刚性的汇率制度、广泛的道德危机以及合作管理和金融交易缺乏透明度,导致了金融危机。[④]

依附理论(以及世界体系理论)的观点则把矛头指向新自由主义推动下的资本全球化。重视危机爆发中依附性关系的作用,以及国内外各阶级利益

---

① 参见 Jason Furman, Joseph E. Stiglitz, Barry P. Bosworth, Steven Radelet,"Economic Crises: Evidence and Insights from East Asia", *Brookings Papers on Economic Activity*, 1998, (2), pp.1-135。

② 参见 Chris Dixon,"The developmental implications of the Pacific Asian crises: the Thai experience", *Third World Quarterly*, 1999, 20(2), pp.439-452。

③ 参见 Joseph E. Stiglitz,"Reforming the Global Economic Architecture: Lessons from Recent Crises", *The Journal of Finance*, 1999, 54(4), pp.1508-1521。

④ 参见 Riordan Roett, Russell Crandall,"The Global Economic Crisis, Contagion, and Institutions: New Realities in Latin America and Asia", *international politcal science Review*, 1999, 20(3), p. 277。

的作用。依附理论的主张是有根据的，它提醒我们不要忽视全球化进程中国家在世界体系中的依附关系，以及阶级利益所发挥的作用。因此，要超越单一制度和单一利益的研究方法，从而把制度和利益结合起来。对此弗里德里克·C. 戴约提出一种发展“战略能力”模式，既把许多现代化理论的制度主义观点，又把依附理论中包含的以联盟和利益为基础的观点纳入这一分析框架当中。①

彼得·W. 普雷斯顿对亚洲危机有关争论的总结方式是独特的，他拒绝以某种“主义”作为论争观点划分的标准。他认为，这些争论可以归结为三种类型：1. 有关亚太地区国家发展经历的历史社会学，其观点（关于分析复杂变化）认为，尽管当前的危机显然已对某些领域产生了严重的影响，但它却可能是短暂的；2. 有关政治权贵与政策分析家之间争论的政治社会学，其观点认为，当前围绕危机的争论表明是地区之间进行冷战后和布雷顿森林体系后调整的深化过程，这个调整过程可能会拖得很长；3. 有关现有机构的表现和合理性的政治社会学，其观点认为，世界银行和国际货币基金组织有关其对发展和管理的技术评价是不偏不倚的说法已不再可信了，并认为应该直接由有关各方来讨论新兴三极体系的经济与政治结构。在如上总结的基础上，他主张在形式上抛开美国自由主义支持者和亚洲价值观支持者的对抗性教条主义观点，而采用古典欧洲传统思想对复杂变化模式进行“个别对话式”的阐明，因为全球体系中的不同集团都力图自谋生路。②

为了回应来自各种理论的批评，斯蒂格利茨等人也试图从一种华盛顿共识走向一种后华盛顿共识。首先，后华盛顿共识重新审视市场与政府的关系，超越华盛顿共识的市场原教旨主义，在承认市场有其作用的同时，承

---

① 参见［美］弗里德里克·C. 戴约：《联盟、制度和联系顺序——关于东亚发展的一种战略能力模式》，载［美］弗里德里克·C. 戴约等：《东亚模式的启示——亚洲四小龙政治经济发展研究》，王蒲劬译，中国广播电视出版社 1992 年版，第 242—262 页。

② 参见［英］彼得·W. 普雷斯顿：《解读亚洲金融危机：历史、文化和机构实况》（上、下），《南洋资料译丛》2000 年第 3、4 期。

认政府的作用,而且这种作用不单纯是保障契约实施和保护产权这些最基本的职责。正确的问题应该是:为改善市场和政府两者的效率,我们应该做什么;市场和政府之间的平衡何在;随着市场的改善和政府能力的改变,这种平衡如何与时俱进。其次,扩大发展目标:提高生活标准,包括改善卫生和教育,而不仅是增加可衡量的国内生产总值;寻求可持续发展,包括保护自然资源和维护有益健康的环境;寻求公正的发展,这种发展能确保社会中的所有集团而不仅是处于社会上层的集团能享受发展成果。再次,超越项目和政策而关注制度,包括公共机构及其治理。最后,认识到局限于华盛顿的框架内是不能制定出成功的发展战略的,需要以重要的和实质性的方式吸纳发展中国家参与发展战略的制定和讨论。另外,认识到"一刀切"的政策注定要失败。问题依然是,政策被移到其他国家时,它们在何种程度上能够运转良好。①

(二)超越发展型国家范式的几种可能途径

基于这场危机引发的理论争论,以及上述发展型国家范式的局限性,发展型国家也同样需要超越。这里必须指出的是,发展型国家范式的超越反思与新自由主义对华盛顿共识的超越反思具有很多共同的趋向,比如要求重置国家和市场之间的关系,扩大发展目标(超越发展主义),强调制度和治理等。这实质上就意味着任何理论都不是普适性的,也不是固定不变的,新自由主义理论和发展型国家理论并不一定是非此则彼的关系。正如史蒂芬·陈(Steven Chan)、卡尔·克拉克(Cal Clark)和丹尼·拉姆(Danny Lam)指出的,不是要抛弃或轻视国家主义者的理解,而是应该避免非此即彼的观点。现实通常是复杂的,远非一个单一的视界可以完整地包含。事

① 参见[美]斯蒂格利茨:《后华盛顿共识》(上、下),《国外社会科学文摘》1999年第1、2期;[美]斯蒂格利茨:"后华盛顿共识的共识",载于黄平主编:《中国与全球化:华盛顿共识还是北京共识》,社会科学文献出版社2005年版,第86—102页。

实上，东亚国家经济发展的特点正是它们的折中主义。这些国家的人民和官员总是避免对某种特定学术观点或政策传统顽固坚持，而是对似乎相对立的观点（比如新古典主义和国家主义，以及依赖理论）的训导和指示显示出相当程度的意识性和敏感性。如此，我们可以在这些国家看到，有活力的市场竞争、积极的国家管理、积极的出口促进、蓄意的进口替代、吸收和管理国外资金和技术的努力之间的共存。① 卡尔·克拉克和史蒂芬·陈通过对一系列亚太国家的比较研究，指出，新古典主义和国家主义都不能完全说明这些不同国家的成就。积极的国家干预既与好的经济表现有关，也与坏的经济表现有关。

由此，发展型国家范式的超越必须正确对待新自由主义，尤其是后华盛顿共识所提出的某些正确主张，它们将成为我们超越发展型国家的有益资源。另外，依附理论和世界体系理论对世界体系和阶级视角的强调，也必须认真对待，它有助于我们超越发展型国家范式狭隘的民族尺度，以及由于片面追求经济增长忽视各阶级之间公平问题所引发的局限性。在这种超越工作中，杰索普的李斯特工作福利民族国家理论、发展型制度理论、菲利普·瑟那（Philip G. Cerny）的竞争性国家概念、治理与善治理论以及网络理论等，也都值得认真借鉴。尽管它们不一定都是应对金融危机而作出的反应，但它们都试图超越发展型国家理论的国家主义和发展主义倾向，为东亚发展型国家的发展提供了某种出路。把这些理论与东亚发展型国家的实体变化以及国际环境的变化结合起来，我们可以对超越发展型国家理论的几种路径略见一斑。

首先，超越国家主义：重置国家在政策制定中的位置。杰索普指出，发展型范式把注意力集中在发展，忽视了经济发展在更大范围的经济、政治、军事

① 参见 Steven Chan, Cal Clark, Danny Lam, "Looking beyond the Developmental State", in Steven Chan, Cal Clark, Danny Lam edited, *Beyond the Developmental State: East Asia's Political Economies Reconsidered*, London: Macmillan Press, 1998, p.3。

和社会策略中的作用。它以国家机器固有的特性解释国家的能力,片面夸大了国家的相对自主性。为克服这些问题,杰索普用"李斯特主义工作福利民族国家"(Listian workfare national state)的不同形式把东亚国家概念化,并在具体的经济积累模式和对制度维持的挑战的背景下,重新考察经济和超经济之间的关系。① 杰索普的"李斯特主义工作福利民族国家"这个概念,涵盖了经济、社会、尺度和政治体四个方面,指出其在经济方面是李斯特主义的,在社会福利方面是工作福利的,在思考尺度上是民族国家的,而在治理主体上仍然是国家的。这比发展型国家这个概念更全面地涵盖了东亚国家的各个方面,超越了根据经济主义或国家主义某一方面对东亚国家进行解释的缺陷。

在这种理论范式下,把国家置于全球化的背景当中,必须重新思考国家在政策制定中的位置。李斯特主义工作福利民族国家(即发展型国家)的政策制定,局限在民族国家的特殊环境。然如前所述,在新的全球化形式下,以国家为主要尺度的政策制定方法必然遇到其局限性。为此,必须超越这种以国家为主要尺度的政策制定方式。在这种全球化的进程中,一个普遍的趋势是国家的去国家化。这体现于民族国家机器的"空心化",国家能力在亚国家、国家、超国家等层面上被加以重组。国家权力向上、向下和斜侧移动着,不同领土尺度上的国家管理者试图增强各自运作的自主性和策略能力。为了应付这种新的形式,必须让政策规制国际化。国家活动扩展至各种超经济领域和超国家领域,主要的政策参与者也扩展至包括国外代理人和机构,它们成为政策理念、政策设计和政策执行的一种重要源泉。②

① 参见 Bob Jessop,"A Regulationist and State-theoretical Analysis", in Richard Boyd, Tak-Wing Ngo(ed.), *Asian States: Beyond the Developmental Perspective*, London and New York: Routledge Curzon, 2005, pp.19-29。

② 参见 Bob Jessop,"The state and the contradictions of the knowledge-driven economy", in John R.Bryson, Peter W.Daniels, Nick Henry et al Edited, *Knowledge, Space, Economy*, London and New York: Routledge press, 2000. pp.75-76。

菲利普·瑟那则认为,在全球竞争日益激烈的背景下,来自不同国家和跨国行为者的多样性压力,使得一个国家难以成为发展型或策略性国家;不断一体化的全球经济和政治进程腐蚀了发展型国家的政治自主性和政策能力。由此,必须以"竞争性国家"替代发展型国家,它以国内经济取得国际竞争力为目标而追求自由化。在某种程度上,发展型国家应该让位于一种新自由主义传统国家。① 尽管瑟那的分析本质上是一种新自由主义观点,但是他正确指出了发展型国家在全球化进程中必须进行一种角色转换。

其次,超越经济发展主义:重置经济政策与社会政策之间的关系。杰索普的"李斯特主义工作福利民族国家"概念,因为指出了不能仅仅从国家的经济方面来解释国家,因而也是对发展型国家发展主义的批判。穆成因(Chung-in Moon)和拉瑟米·普拉萨德(Rashemi Prasad)也指出,发展型国家范式对东亚政治经济景象的描绘都是不完整的,它不仅需要聚焦成功的产业政策,也需要覆盖其他政策领域,比如福利、环境和分配政策,必须把国家、网络和政治放在更大的制度背景当中去分析。② 佩姆佩尔则进一步提出以"发展型制度"范式替代"发展型国家"范式,认为应从更广泛的制度层面上考察国家。③ 可以看到,仅从经济发展主义或上述的国家主义方面去理解国家的做法都是片面的。在实体上,这种以经济发展为优先目标的发展主义,也须加以超越,国家的经济政策与社会政策之间的关系必须重新审视。

对于发展主义更深刻的诘问是:"发展是什么? 究竟为谁或为什么要发

① 参见 Philip G.Cerny,"Structuring the Political Arena:Public goods,states and governance in a globalising world",in R.Palan(ed.),*Global Political Economy*:*Contemporary Theories*,London:Routledge,2000,pp.21-35;Philip G.Cerny,"Paradoxes of the Competition State:The Dynamics of Political Globalisation",*Government and Opposition*,1997,32(2),pp.251-274。

② 参见 Chung-in Moon,Rashemi Prasad,"Networks,Politics,and Institutions",in Steven Chan,Cal Clark,Danny Lam edited,*Beyond the Developmental State*:*East Asia's Political Economies Reconsidered*,London:Macmillan Press,1998,pp.9-24。

③ 参见 T.J.Pempel,"The Developmental Regime in a Changing World Economy",in Meredith Woo-Cumings edited,*The Developmental State*:*East Asia's Political Economies Reconsidered*,Ithaca and London:Cornell University Press,1999,pp.137-181。

展？什么在发展？经济增长是否就等于改善人们的福利、提高人们的生活质量?”[①]面对这样的质问,发展型国家必须重新审视发展主义。发展型国家首要的特点就是它们的发展主义倾向,它们的所有政策都围绕着经济发展的政策而制定,包括社会福利政策。伊恩·霍利戴把东亚发展型国家的福利政策特点称之为“促进生产的福利资本主义”[②]。在这种福利资本主义中,经济增长的政策目标高于一切,社会政策必须服从于它。斯蒂芬·哈格德(Stephan Haggard)也指出亚洲发展型国家福利计划的独特特点:在限制社会保险的同时,开发人力资本。[③] 这种独特的社会政策确实曾发挥过显著的历史作用。然如前所述,排斥劳动力的工作福利模式或“促进生产的福利”模式在新环境下体现出它的局限性。“在南方发展中国家……传统型发展战略的主要缺陷之一,在于它无力承认并且充分认识社会的复杂性,也没有考虑到这种复杂性与其它关键性发展层面——诸如经济、政治和环境等层面——的相互作用。”[④]所以,必须重新审视经济政策与社会政策的关系,把社会维度纳入其发展战略当中。世界银行面对东亚发展的新形势,也从某种程度改变了片面的新自由主义主张,开始强调解决贫困等问题的社会政策。[⑤] 为此,东亚发展型国家都以危机为契机不断改变和完善其福利体制,特别是促使原有的“促进生产的福利”制度向以人为本的福利制度转变。这种新的福利制度,不仅把

---

① 许宝强:《前言:发展、知识、权力》,载许宝强、汪晖选编:《发展的幻象》,中央编译出版社 2001 年版,第 1 页;也参见沃勒斯坦:《发展是指路灯还是幻象?》,载许宝强、汪晖选编:《发展的幻象》,中央编译出版社 2001 年版,第 1—21 页。

② 参见伊恩·霍利戴:《东亚社会政策的特点:促进生产的福利资本主义》,《国外理论动态》2001 年第 12 期。

③ Stephan Haggard,“The political economy of the Asian welfare state”,in Richard Boyd,Tak-Wing Ngo Edited,*Asian States:Beyond the Developmental Perspective*,London and New York:Routledge Curzon,2005,pp.145-171.

④ [英]安东尼·哈尔、[英]詹姆斯·梅志里:《发展型社会政策》,罗敏、范酉庆等译,社会科学文献出版社 2006 年版,第 2 页。

⑤ 参见世界银行编:《东亚的复苏与超越》,朱文晖、王玉清译,中国人民大学出版社 2001 年版;Shahid Yusuf,M.Aujum Altaf,Kaoru Nabeshima 编:《全权变革与东亚政策倡议》,王世华等译,中国财政经济出版社 2005 年版。

福利看作是服务再生产的手段,而且把它作是一种政策追求的目的。由此,发展型国家开始从经济发展主义走向更全面的发展。这种进程体现了发展的本质不是经济的发展,而是关注人类的生活质量。经济增长并不必然导致人生活质量的提高及更公平公正的收入分配。因此,发展不仅要工业化,还要改善社会福利,改进教育,以及对人类健康的高度关注。①

再次,重置国家和社会之间的关系:从统治到治理。发展型国家理论之所以具有国家主义、发展主义和经济主义的倾向,主要是因为它把国家和市场之间的分离物化和中立化了。② 所以,必须超越国家和市场的二分法,才能更好地解释经济与非经济之间的复杂关系,以及国家政策之间的相互渗透。为此,20 世纪 80 年代末和 90 年代初的网络理论必须重新得到重视,这种理论实质上为一种治理结构提供了某种理论支持。它把国家社会关系置于理解东亚经济运转和表现的中心地位。③ 通过引进“嵌入性自主”的概念,彼得·伊文斯(P.B.Evans)克服了国家社会二分法的困境,说明了发展型国家的行为为什么是“良性的”、“发展型的”,而不是“掠夺性的”。④ 丹尼尔·奥基莫托(Daniel Okimoto)等学者提出了政策网络理论,认为在发展型国家中,不是官僚的计划理性,而是中介组织构成的多元关系网络塑造着产业政策。⑤ 李(Lee Chung

---

① 参见 Gary Gereffi,Stephanie Fonda,“Regional Paths of Development”,*Annual Review of Sociology*,1992,(18),pp.444-445。

② 关于由国家市场二分法导致国家主义和经济发展主义的论述参见 Bob Jessop,“*A Regulationist and State-theoretical Analysis*”,in Richard Boyd,Tak-Wing Ngo Edited,*Asian States:Beyond the Developmental Perspective*,London and New York:Routledge Curzon,2005。

③ 参见 Chung-in Moon,Rashemi Prasad,“Networks,Politics,and Institutions”,in Steven Chan,Cal Clark,Danny Lam edited,*Beyond the Developmental State:East Asia's Political Economies Reconsidered*,London:Macmillan Press,1998,pp.15-17。

④ 参见 Evans,P.B.,*Embedded Autonomy:States and Industrial Transformation*,Princeton University Press,1995。

⑤ 参见 Daniel Okimoto,*Between MITI and the Market:Japanese Industrial Policy for High Technology*,Stanford,California:Stanford University Press,1989;Yeom,Jaeho,*Bureaucratic Organization in a Network Setting:MITI and Japanese Industrial Policy for High Technology*,Stanford:Stanford University Press,1989。

H.)和那雅(Seiji Naya)提出了“准内组织”(quasi-internal organization)概念,认为东亚的国家和私人部门不仅通过组织间的网络发生联系,且它们之间的紧密联系呈现出一种内组织结构。这从根本上抛弃了国家与社会的传统二分法。[①] 这为强调国家和公民社会组织之间建立一种良好关系的治理模式提供了有益的资源。

新的环境呼吁国家、社会以及其他各种社会组织之间形成一种伙伴关系,从而走向一种善治。中产阶级和 NGOs 的壮大、公民社会的兴起、全球化的深化,必然导致国家和社会关系的重置和政治系统的去官方化。在各种领土尺度上和各种功能领域上,体现出从统治转向治理的趋势。这种趋势紧密的联系着经济本质的变动,它是如此复杂和变动不居,以至于不能由自上而下的统治来管理。新的政治经济条件,需要类似于巨大网络化信息过程这样的自下而上的、自组织的方法。据此,官僚国家机器在保障国家经济社会计划和政治领导权时所发挥的核心作用,开始转向强调政府、超政府、非政府组织之间的合作伙伴关系,在这种关系中,国家机器常常只是同辈中的居首位者。政府常依赖于其他代理人帮助它们实现国家目标或突出国家权力。求助于治理并不是削弱了国家的能力,而是扩大了国家的能力。[②] 正如奥尼斯指出的一种“基础权力”,它是“国家通过社会中的商议和合作进程来渗透社会,组织社会关系和实施政策的能力”[③]。因此,发展型国家的分权和民主化进程,并不意味着它变成一种没有能力的国家,而只意味着其权力的一种转型,它原来的权威主义权力被削弱,但它的“基础权力”却得到了增强。

---

① 参见 Chung H.Lee,“The government,Financial System and Large Private Enterprises in the Economic Development of South Korea”,*World Development*,1992,(20),pp.187–197;Lee,Chung H,Seiji Naya,“Trade in East Asian Development With Comparative Reference to Southeast Asian Experience”,*Economic Development and Cultural Change*,1988,(38),pp.123–152。

② 参见 Bob Jessop,“The state and the contradictions of the knowledge-driven economy”,in John R.Bryson,Peter W.Daniels,Nick Henry et al Edited,*Knowledge*,*Space*,*Economy*,London and New York:Routledge press,2000,p.75。

③ Ziya Onis,“The Logic of the Developmental State”,*Comparative Politics*,1991,24(1),p.123.

最后，重建合法性基础：从发展型到服务型。如前所述，发展型国家合法性的建立和巩固，一来自一定历史时期的社会规范——革命国家主义，二来自经济政策所产生的经验有效性。随着历史环境的变化，革命国家主义在发展型国家的合法性和发展型国家固有政策的有效性都开始受到质疑。需求新的合法性来源成为发展型国家的当务之急。

面对全球化、阶级结构的变化、公民社会的兴起给发展型国家固有发展范式带来了挑战，发展型国家在上述三种关系的重置中重建合理性和合法性：首先，面对全球化给发展型国家带来的空心化和去民族化进程，发展型国家通过超越民族国家的尺度，把它的政策范式建立在更广泛的尺度上，来重新寻求其政策的合理性。其次，面对东亚国家阶级结构的变化和贫富差距的扩大，发展型国家通过重置经济政策与社会政策之间，开始把其合法性的基础建立在社会问题的解决之上。法伊穆勒·夸迪亚（Fahimul Quadir）和迦彦特·黎力（Jayant Lele）指出："如果目前的趋势持续的话，如果自愿部门相对于国家和市场能够持续保持其自主性的话，东亚有可能见证一种新社会政治秩序的发展，在那里，不再那样强调资本问题，而是更加强调消除贫困、歧视和剥削问题。"①发展型国家优先发展的目标是经济的发展，而现在东亚国家依靠 NGOs 等公民社会力量来解决可持续发展、弱势群体等问题，表明其发展目标从"原来以经济为中心的增长模式转化为以人为中心的经济社会全面发展的模式"②。最后，通过权威主义管理模式的转变，走向一种强调国家与非政治团体之间协作的治理模式，试图把合法性建立在更广泛的社会基础之上。

进一步说，如新公共服务理论倡导者罗伯特·B. 丹哈特和珍妮特·V. 丹哈特所指出，在治理体系中要将公民置于中心位置。在丹哈特夫妇看来，长期

---

① Fahimul Quadir, Jayant Lele, "Introduction: Globalization, Democracy and Civil Society after the Financial Crisis of the 1990s", in Fahimul Quadir, Jayant Lele Edited, *Democracy and Civil Society in Asia: Volume 1 – Globalization, Democracy and Civil Society*, New York: Palgrave Macmillan Press, 2004, p.10.

② 李文：《东亚社会变革》，世界知识出版社 2003 年版，第 299 页。

以来“政府独自掌舵”的局面必须被改变。政府是人民的政府,因而政府在为“国家”这条船掌舵的时候,必须听从人民的意见。“公务员的首要作用乃是帮助公民明确阐述并实现他们的公共利益,而不是试图去控制或驾驭社会。”①

由此,发展型国家为重构合法性基础而发生的转变,将使其国家职能发生深刻转变,即逐渐转变为“服务型政府”。这就是说,在新历史条件下,发展型国家的角色必须从“统治”转变为“治理”,从“经济优先”转变为政府以提供公共物品为主要职能;不仅关注“市场”和“生产率”,而且必须关注公民利益和人的发展,不再把公共利益看作是发展的一种副产品,而是把它本身作为一种目标;它不再只是像企业家一样追求经济利益,而必须与各种非政府组织和部门形成伙伴关系,为公民提供高质量、高效率的服务,并最终形成一种善治局面。

综上所述,发展型国家范式既是对现代化、依附和新自由主义模式的扬弃和超越,又是对东亚特定历史时期发展道路的正确选择,发挥了积极的经济、社会、理论和制度效应。但是,在全球化推动下,世界和东亚发展型国家自身的政治经济结构都发生了深刻的变化。发展型国家范式在这种变化中暴露出其自身的种种局限性。1997—1998 年的金融危机既是对发展型范式的挑战,又是超越发展型国家范式的转折点。金融危机引发的各种理论争论和反思为超越发展型国家范式提供了直接动力和有益资源。把各种理论与现实结合,发展型国家范式的超越呈现出以下趋势:1. 通过重置国家在政策制定中的地位来超越国家主义,朝着政策规制国际化的道路迈进;2. 通过重置经济政策与社会政策之间的关系来超越发展主义,把改善人们的福利置于更优先的位置;3. 通过重置国家和社会之间的关系来超越国家社会的二分法,有望见证一种从统治到治理的转变;4. 为了寻找新的合法性基础,发展型国家作出了上述三种转变,这三种转变实质上推动着发展型国家职能的一种根本性转变,有望见证一种从发展型到服务型国家的转变。

---

① 罗伯特·B. 丹哈特、珍妮特·V. 丹哈特:《新公共服务:服务而非掌舵》,《中国行政管理》2002 年第 10 期。

第三章　中国发展型国家的反思与超越

在现实进程当中，实践和理论的发展并非是一种线性的对应关系，因此，中国发展型国家在形成和发展的同时，也伴随着对这种发展模式的反思和超越。也就是说，中国发展型国家的发展及其自身超越往往是交叉起来的，在时间上难以划出一条明晰的界限。因此，在论述上，有时候把这个转型的进程追溯到90年代，但从整体上，我们更关注世纪之交后的发展进程。因为，步入世纪之交，尤其以2002年召开的中共十六大为标志，中国进入了经济建设与社会建设并重的新时代，中国更为显著地开始了超越发展型国家的进程。党的十六届三中全会系统、明确提出了科学发展观，四中全会提出了构建和谐社会的发展目标和任务，五中全会则把统筹城乡发展、建设新农村上升为一种国家战略。就发展范式的转型而言，通过确立可持续发展的新目标以转变经济增长方式，重新调整区域间关系以缩小地区贫富差异，开展以改善民生为重点的社会建设以构建和谐社会，中国开始了超越以往广泛存在世界其他类型发展国家中的经济发展主义的进程。就国家角色和市场发展的关系而言，通过转变市场管制方式，增强市场管制能力，一种更成熟的社会主义市场经济正在兴起；重新调整中央与地方关系，加强法治建设，一种更规范的政商关系正在形成；通过培育和规范公民社会的发展，国家社会关系的国家合作主义框架有望逐渐转化为一种社会合作主义框架。

一、超越经济发展主义:重置经济、自然和社会的关系

以重视 GDP 的经济发展主义和非均衡发展战略,在改革开放的前 20 年来具有其特定的合理性和有效性,它不但从整体上提升了整个中国的国际竞争力,而且实实在在地提升了全中国老百姓的生活水平。然而,正如上述所指出的,随着经济发展主义和非均衡发展战略积极效应的不断释放,诸多局限性也逐渐显现出来:一方面,环境污染和自然破坏非常严重,不但过度消耗了自然资源,而且日益威胁着公众的健康和生活;另一方面,城乡之间、区域之间和社会阶层之间的贫富分化也日益凸显出来,发展或者说矛盾不平衡问题日益成为焦点,整个发展需要机制性、结构性调整。对此,我们党具有深刻的认识,并于世纪之交这一关键时段展开了超越经济发展主义的进程。

(一)走新型化的工业化道路:改善经济发展与自然环境之间的关系

对 GDP 增长的片面强调,忽视了经济发展与自然环境之间的和谐,是经济发展主义最主要的缺陷之一。在理论上,在经济发展和自然环境的关系上,一直存在着一种误解,认为经济发展造成自然环境的破坏是生产力发展的必然结果,GDP 主义在很大程度上是建立在这样一种理解的基础之上的。因此,对这种经济发展主义的超越必须首先纠正这种错误的认识。在现实上,中国政府在实践中也不断深化着对经济发展和自然环境之间关系的认识。可以说,对这种经济发展主义认识的纠错可以追溯到在 20 世纪 90 年代提出的“可持续发展战略”,改善经济发展与自然环境的关系的努力自 2002 年以来尤为显著。

不断推动生产力的发展是经济发展的根本动力,而生产力发展的主要对

象就是自然，因此在生产力发展和自然环境之间就不得不产生某种矛盾。对此，有些学者认为生产力的发展必然造成环境破坏。这一观点的典型代表就是威尔·罗特利（Val Routley），她指出，马克思所说的“自动化的王国”（automated paradise）“必然是高度能源密集的（energy-intensive），如此，不管是哪种可视的现实能源模式，都会导致环境的破坏”①。实质上，这一观点不仅误解了马克思的思想，而且具有片面性：生产力的发展（尤其是技术的发展）必然增加它对自然环境的影响这种观点，建立在这样一个假设之上，即提升生产效率的意图通过提升技术来摆脱由劳动力需求所设定的局限性，从而使得产品数量的增加成为可能，而这样的一种发展将导致能源消耗的增加以及产品废物的增加。然而，这种假设却低估了人类通过技术解决问题的能力，比如自动化在增加能源消耗的同时也提升了能源利用的效率。② 因此，技术的进步、生产力的发展、经济的发展并非环境破坏的充分条件。一方面人类可以通过进一步发展技术来解决环境问题，另一方面人类还可以通过转变经济发展模式来改善经济发展与自然环境的变化。

在中国，国家对经济发展和自然环境关系的认识，乃至对经济发展主义的认识的深化，可以追溯到 1992 年 3 月，我们提出了中国环境与发展十大对策，提出了走可持续发展的理念。从那时开始，我们一直在尝试超越这种粗放型的经济增长方式，可持续发展战略在中央政策制定中的地位得到不断的提升。1994 年 3 月，中国政府批准发布了《中国 21 世纪议程——中国 21 世纪人口、环境与发展白皮书》，第一次从理论上系统论述了中国经济、社会与环境的相互关系，提出中国可持续发展的总体战略、对策以及行动方案。1996 年 3 月，《中华人民共和国国民经济和社会发展“九五”计划和 2010 年远景目标纲要》

---

① Val Routley，“On Karl Marx as an Environmental Hero”，*Environmental Ethics*，1981，(3)，p.242.

② 参见 Jonathan Hughes，“Development of the Productive Force：An Ecological Analysis”，in Mark Cowling，Paul Reynolds，*Marxism，the Millennium and Beyond*，New York：PALGRAVE，2000，pp. 239-241。

把实施可持续发展作为现代化建设的一项重大战略写入纲要之中；1996 年 7 月 15 日，中国第四次全国环保会议在北京召开，进一步提出走可持续发展的道路，明确指出要超越“先污染后治理”的路子，这标志着改善经济发展与自然环境之间的关系开始列入国家的发展计划。

到了 2003 年，党的十六大报告提出“以人为本、全面、协调可持续的科学发展观”之后，走一条“科技含量高、经济效益好、资源消耗低、环境污染少、人力资源优势得到充分发挥”的新型工业化道路，“发展”这一范畴被提升到国家整体发展观的高度。这标志着中国在整体发展模式上超越发展经济主义。2005 年，国务院发出《国务院关于做好建设节约型社会近期重点工作的通知》，提出了建设节约型社会的目标。2006 年，全国人大通过的“十一五”(2006—2010 年)规划，高度重视缩小差别和保护环境的稳定增长路线，环境保护作为基本国策的地位和权威得到较大强化。从 2012 年到 2013 年的中央财政支出预算可以看出，中央财政也开始倾向于科技方面的支出，2012 年中央财政投入 2291.5 亿元进行科技创新，比上年增长 12.7%；2013 年安排科学技术支出 2529.91 亿元，比 2012 年增长 10.4%。① 从图表 3.1 我们可以看到，中国全国环境污染治理投资持迅速增长的趋势，从 2007 年 3668.8 亿元上升到 2012 年的 8253.5 亿元。具体而言，我们在改善经济发展与自然环境关系、超越经济发展主义方面的努力表现在以下几个方面。

图表 3.1　中国历年环境污染治理投资情况统计(2007—2012 年)

年份	2007	2008	2009	2010	2011	2012
投资总额(亿元)	3668.8	4937.0	5258.4	7612.2	7114.0	8253.5

资料来源：国家统计局(https://data.stats.gov.cn/easyquery.htm? cn=C01)

① 参见财政部：《关于 2012 年中央和地方预算执行情况与 2013 年中央和地方预算草案的报告(摘要)》，2013 年 3 月 5 日，见 http://www.mof.gov.cn/zhengwuxinxi/caizhengxinwen/201303/t20130305_754202.htm。

第一,围绕新的可持续发展环境建设目标,国家及各部门出台了一系列法律法规、规划、措施,环境保护法律体系得到了进一步完善。截至 2012 年 11 月,全国人大常委会制定了环境保护法律 10 件、资源保护法律 20 件。此外,刑法、侵权责任法设立专门章节,分别规定了“破坏环境资源保护罪”和“环境污染责任”。国务院颁布了环保行政法规 25 件。地方人大和政府制定了地方性环保法规和规章 700 余件,国务院有关部门制定环保规章数百件,其中环境保护部的部门规章 69 件。国家还制定了 1000 余项环境标准。全国人大常委会和国务院批准、签署了《生物多样性公约》等多边国际环境条约 50 余件。最高人民法院和最高人民检察院还分别作出了关于惩治环境犯罪法律适用的司法解释。①

第二,政府环境保护部门的功能不断得到强化。2004 年,国家环保总局联合国家统计局,在北京、天津、河北、辽宁、浙江、安徽、广东、海南、重庆、四川等 10 省市启动了以环境核算和污染经济损失调查为内容的“绿色国民经济核算”(简称绿色 GDP 核算)试点工作。2007 年 11 月,国家发改委发布《单位 GDP 能耗考核体系实施方案》,把 GDP 能耗指标作为省级党政领导综合考核评价的重要依据,实行问责制和“一票否决”制。② 2012 年,国务院批复《全国农村饮水安全工程“十二五”规划》;开展全国地级以上城市集中式饮用水水源地环境状况评估,落实《全国地下水污染防治规划》;安排专项资金 54 亿元治理重金属污染,开展《重金属污染防治“十二五”规划》实施情况考核;全国治理历史遗留铬渣 230 万吨,是前 6 年年均处置量的 3 倍,堆存长达数十年甚至半个世纪的 670 万吨铬渣基本处置完毕;继续深入开展环境保护专项行动,全国共出动执法人员 255 余万人(次),检查企业 100 余

---

① 参见杨朝飞:《我国环境法律制度和环境保护若干问题》,2012 年 11 月 23 日,见 http://www.npc.gov.cn/zgrdw/npc/xinwen/2012-11/23/content_1743819.htm。

② 参见发展改革委:《单位 GDP 能耗考核体系实施方案》,2007 年 11 月 23 日,见 http://www.gov.cn/zwgk/2007-11/23/content_813617.htm。

万家(次),查处环境违法问题8779件,挂牌督办环境违法案件1770件;对生产、已停产或停产整顿的铅蓄电池企业加大监管力度;完成环境安全百日大检查,检查企业4.3万家,发现重大环境安全隐患2296个,整改2245个,挂牌督办企业105家。①

不仅如此,政府环保部门还加强与环保民间组织的合作,公众参与环境保护持续扩大。根据2013年12月2日至3日中华环保民间组织可持续发展年会透露,截至2012年底,全国生态环境类社会团体已有6816个,生态环境类民办非企业单位1065个,环保民间组织共计7881个。随着全社会环境意识的提高,民间环保组织的数量在过去5年间有了大幅增长,从2007年到2012年增长了38.8%。② 这些民间组织,以及一批具有政府背景的非政府组织,甚至一些国际非政府组织,在环境保护和治理中发挥了重要作用。多数环保民间组织与政府保持着良好的合作关系。

第三,生态环境保护取得了新进展。2012年,全国化学需氧量排放量为2423.7万吨,氨氮排放量为253.6万吨,分别比上年减少3.05%、2.62%;废气中二氧化硫排放量为2117.6万吨,氮氧化物排放量为2337.8万吨,分别比上年减少4.52%、2.77%。根据第七次全国森林资源清查(2004—2008年)结果,全国森林面积19545.22万公顷,森林覆盖率20.36%,活立木总蓄积149.13亿立方米,森林蓄积137.21亿立方米。森林面积列世界第5位,森林蓄积列世界第6位,人工林面积居世界首位。与第六次全国森林资源清查(1999—2003年)相比,森林面积增加2054.30万公顷,森林覆盖率增长2.15个百分点。③

第四,产业结构得到一定程度的优化。第三产业占GDP的比重逐年得到

① 参见生态环境部:《2012中国环境状况公报》,2013年6月4日,见http://www.gov.cn/gzdt/att/att/site1/20130604/001e3741a4d81317cd0101.pdf。

② 参见《中国环保民间组织近八千个,五年增进四成》,《人民日报·海外版》2013年12月5日。

③ 参见生态环境部:《2012中国环境状况公报》,2013年6月4日,见http://www.gov.cn/gzdt/att/att/site1/20130604/001e3741a4d81317cd0101.pdf。

提升,从 1999 年的 32.9%上升到 2012 年的 44.6%。[①] 特别是高新科技产业和绿色经济产业得到迅速发展。2011 年全国高新技术产业工业总产值超过 10 万亿元,全国 88 家高新区上报统计的高新技术企业总计 5.96 万家,实现营业总收入 131595 亿元,工业总产值 104931 亿元,工业增加值 27432 亿元,净利润达 7672 亿元,上缴税额 6613 亿元。工业增加值占同期全国第二产业增加值比重达 12.4%,再创历史新高。[②] 绿色经济也得到了较快发展。以安徽省为例,2012 年安徽合理开发利用森林资源,加快林业产业发展,实现林业产值 1599.78 亿元,比上年增长 36.5%。其中,种植业产值为 507.66 亿元,加工业产值为 875.09 亿元,服务业产值为 217.03 亿元。据安徽省林业厅厅长程中才介绍,在林业种植业中,花卉和林木种苗成为发展热点。安徽去年完成新育苗面积 10 万亩,新续建林木良种基地 12 万亩,全省苗木花卉种植总规模达到 130 多万亩,总产值达 80 多亿元。[③]

从上面的材料我们可以看到,我国正在试图超越粗放型的经济发展方式,试图走一条新型化的工业化道路,努力建构经济发展与自然环境之间的和谐关系。

(二)构建和谐社会:调整经济发展与社会发展的关系

如前所述,就 GDP 的数量而言,片面的发展主义确实取得了巨大的成就,但却造成了社会不公正问题,中国的快速发展逐渐出现了经济发展与内部、外部矛盾同步持续深化的现象,社会问题日益凸显出来。

可以说,经济发展主义这种“传统型发展战略的主要缺陷之一,在于它无

---

① 参见国家统计局:《中华人民共和国 1999 年国民经济和社会发展统计公报》、《中华人民共和国 2012 年国民经济和社会发展统计公报》,见 http://www.stats.gov.cn/tjsj/tjgb/ndtjgb/.

② 参见《全国高新技术产业产值超 10 万亿元　再创历史新高》,2012 年 3 月 31 日,见 http://www.gov.cn/jrzg/2012-03/31/content_2104593.htm。

③ 参见《安徽:2012 年全省“绿色经济”产值近 1600 亿元》,2013 年 3 月 13 日,见 http://www.gov.cn/jrzg/2013-03/13/content_2353341.htm。

力承认并且充分认识社会的复杂性，也没有考虑到这种复杂性与其它关键性发展层面——诸如经济、政治和环境等层面——的相互作用”①。而“市场力量的中心是效率，社会力量的中心则是公平与社会正义”，所以“中国缺失的正是经济效率和社会正义之间的均衡”。由此，必须把社会维度纳入发展政策的考量之中，寻求效率与公平之间的均衡。

在世界范围内，单方面强调经济发展的发展战略不断受到挑战，并且得到调整。1963 年，美国建立了包括社会、经济、文化、环境、生活等各项指标在内的新的国家发展指标体系。同时，罗马俱乐部为批判以“经济增长”为中心的发展观而提出了“增长极限论”。此后，由欧美一些经济学家组成的“新经济学研究会”（TOES）提出了生存经济学。他们强调社会与自然界的协调发展，重视改革社会关系，倡导社会公平等价值理念。80 年代，各国学者就发展观开展跨地域、跨学科研究，形成一种“综合发展观”②。它以佩鲁的《新发展观》为代表，佩鲁指出“经济现象和经济制度的存在依赖于文化价值”，“企图把共同的经济目标同他们的文化环境分开，最终会以失败告终”，而“整体的发展计划在理论上必须包括健康、卫生和教育这些因素”③。进入世纪之交，世界经济尽管获得了前所未有的发展，但同时地区战争冲突不断，南北问题、贫富分化问题也愈益凸显。在这种情况下，强调经济发展与社会公平之间的平衡不仅具有伦理意义，而且具有极大的现实意义。

事实上，效率与公平之间并非一种零和博弈的关系，意大利著名经济学家维弗雷多·帕累托在他关于经济效率和收入分配的研究中提出了“帕累托最优”这一概念，以经济学的方法论证了一种公平与效率的“理想王国”。对社

---

① 安东尼·哈尔、詹姆斯·梅志里：《发展型社会政策》，罗敏等译，社会科学文献出版社 2006 年版，第 2 页。

② 参见何清涟：《现代化的陷阱——当代中国的经济社会问题》，今日中国出版社 1998 年版，第 495—496 页。

③ ［法］弗朗索瓦·佩鲁：《新发展观》，张宁、丰子义译，华夏出版社 1987 年版，第 165、201 页。

会公平的强调并不一定会导致效率的低下。由霍利斯·钱纳里(Hollis Chenery)牵头组织一批经济学家所作的《再分配与发展》的一份重要研究报告指出,再分配政策并不阻碍经济的发展,而是在事实上会促进经济增长。因为,这些再分配政策消除了穷人参与到经济发展中的障碍,提高了穷人的消费水平和对商品以及服务的需求。① 在《不平等与繁荣:社会欧洲 VS 自由美洲》一书当中,潘图森(Jonas Pontusson)通过欧洲与美国的比较研究也指出,就发展和收入水平而言,福利体系较为庞大的国家可以与那些公共部门较小、政府干预较少的国家相媲美。②《联合早报》评论员杜平更是指出,就中国这么庞大的一个国度来说,即使是因为缩小贫富鸿沟的努力"减少了经济效益,那也依然是功在千秋的历史伟业"③。由此,我们必须坚持追求一种效率与公平之间的平衡,把建构一种和谐社会作为善治的真正目标。

在党的十五大上,"效率优先,兼顾公平"原则得以提出,中国开始把社会问题纳入到经济发展上来,开始寻求"效率"与"公平"之间的某种平衡。各类教科书和学术论文纷纷讨论这两者之间的关系,强调"效率"与"公平"是辩证的统一。但是,中国的贫富差距问题并没有因此而得到缓解。党的十六大后,我们逐渐以"科学发展"和"社会和谐"为执政新理念,把解决社会问题提升到了国家战略高度。

2004—2012 年,中共中央连续出台 9 个以农村、农业和农民发展为主题的"一号文件"。随着这些文件的落实,农村综合改革逐步深化,农业税、牧业税、特产税全部取消,支农惠农政策不断加强。2006 年,通过取消农业税,农民负担减轻 1200 亿元。2007 年,农村免费义务教育全面实现。中共中央投入"三农"的财政支出从 2009 年的 7253.1 亿元提高到 2012 年的 12387.64 亿

① 转引自安东尼·哈尔,詹姆斯·梅志里:《发展型社会政策》,罗敏等译,社会科学文献出版社 2006 年版,第 96 页。

② 参见 Jonas Pontusson, *Inequality and Prosperity: Social Europe Vs. Liberal America*, Ithaca: Cornell University Press, 2005, p.ix。

③ 杜平:《中国能否找到自己的模式?》,《联合早报》2006 年 12 月 29 日。

元,增加了 70.8%,而 2013 年的预算更是达到了 13799 亿元。① 2012 年农民人均纯收入 7917 元,比 2008 年增加 3156 元,而比 2002 年更是增加了 5441 元。②

同样,教育、医疗卫生、社会保障等领域的社会建设也得到全面展开。首先,国家将财政收入增长量的 70%用于义务教育,2000 年中央投入文教科学卫生事业总费只有 361.9 亿元③,而 2012 年单纯教育支出就高达 3781.52 亿元④。各级各类教育得到迅速发展,小学、初中、高中和高等教育入学率分别从 2003 年的 98.65%、92.7%、43.8%、17% 提高到 2012 年的 99.85%、102.1%、85%、30%⑤。其次,中央财政 2008 年社会保障支出只有 2743.59 亿元,2012 年社会保障和就业支出则达到了 5753.73 亿元,增幅达到 109.72%,而 2013 年的社会保障支出预算更是高达 6550.81 亿元。⑥ 社会保障体系建设进一步加强,截至 2009 年 1 季度,全国共有 2340.5 万(1117.3 万户)城市居民和 4310.1 万(1993.7 万户)农村人口享受了城市最低生活保障,全国共有收养类福利单位也达到 39371 个。⑦ 再次,2003 年非典危机集中暴露出中

① 参见《关于 2009 年中央和地方预算执行情况与 2010 年中央和地方预算草案的报告(摘要)》,《人民日报》2010 年 3 月 7 日;《关于 2012 年中央和地方预算执行情况与 2013 年中央和地方预算草案的报告(摘要)》,《人民日报》2013 年 3 月 6 日;《中央财政更多向民生倾斜》,《人民日报》2013 年 6 月 28 日。

② 参见中华人民共和国国家统计局:《中华人民共和国国民经济和社会发展统计公报》(2008、2012 年),见 http://www.stats.gov.cn/tjgb/。

③ 参见《关于 2000 年中央和地方预算执行情况及 2001 年中央和地方预算草案的报告》,见 http://www.people.com.cn/GB/paper464/2966/404194.html。

④ 参见《关于 2012 年中央和地方预算执行情况与 2013 年中央和地方预算草案的报告(摘要)》,《人民日报》2013 年 3 月 6 日。

⑤ 参见《2003 年全国教育事业发展统计公报》,教育部网站,2004 年 5 月 27 日;《2012 年全国教育事业发展统计公报》,教育部网站 2013 年 8 月 16 日。

⑥ 参见《关于 2008 年中央和地方预算执行情况及 2009 年中央和地方预算草案的报告(摘要)》,《人民日报》2009 年 3 月 7 日;《关于 2012 年中央和地方预算执行情况与 2013 年中央和地方预算草案的报告(摘要)》,《人民日报》2013 年 3 月 6 日。

⑦ 参见《民政事业统计季报》(2009 年 1 季度),见 http://cws.mca.gov.cn/accessory/200904/1240304550141.htm。

国医疗卫生体系在应对重大危机事件时的机制体制问题，尤其是如何合理布局资源分配不至于体系过载的问题，国家以此为契机积极推进医疗卫生体制改革，公共卫生体系和基本医疗服务不断得到健全。新农村合作医疗制度在 2003 年开始试点后，迅速在全国得到推广。截至 2012 年 12 月底，全国新农合本年度已筹资 2484.7 亿元，开展新型农村合作医疗的县（市、区）达 2566 个，参加新农合人口 8.05 亿人，参合率达 98.3%，越来越接近新型农村合作医疗制度全覆盖目标。2007 年，全国城镇居民基本医疗保险试点城市 79 个，参保人数达 4291 万人。2008 年，城镇居民基本医疗保险试点城市新增 229 个，其参保人数将大大增加。而 2012 年底，全国城镇职工基本医疗保险参保人数就达到了 2.65 亿人，全年基金收入 6062 亿元，基金支出 4868 亿元。①

此外，中央越来越强调地区间的均衡发展问题。西部大开发、中部崛起和振兴东北老工业区就是这样的体现：统筹推进，它们在实践中不断推进。以西部大开发为例，自从 1999 年 11 月中央经济工作会议敲定对西部进行大开发的战略决策之后，西部大开发取得了重大的成就。2012 年，国家新开工西部大开发重点工程 22 项，投资总规模为 5778 亿元。2000—2012 年，西部大开发累计新开工重点工程 187 项，投资总规模 3.68 万亿元。②2006—2010 年，西部地区生产总值年均增长 13.6%，地方财政收入年均增长 26.1%。③ 从 2011 年和 2012 年国家发展改革委印发的西部大开发进展情况中的数据我们可以看到，中央更是加大了协调地区间平衡发展的力度，

① 参见《2013 年中国卫生统计提要》，见 http://www.nhc.gov.cn/mohwsbwstjxxzx/s7967/201404/f3306223b40e4f18a43cb68797942d2d.shtml.《2012 年全国社会保险情况》，2013 年 6 月 18 日，见 http://www.mohrss.gov.cn/SYrlzyhshbzb/dongtaixinwen/buneiyaowen/201306/t20130618_105477.html。

② 参见《发展改革委：2012 年西部大开发新开工 22 项重点工程》，2012 年 12 月 19 日，见 http://www.gov.cn/gzdt/2012-12/19/content_2294103.htm。

③ 参见《西部大开发“十二五”规划》。

2011 年中央财政对西部地区均衡性转移支付 3006 亿元，2012 年中央财政对西部地区均衡性转移支付 4020 亿元，增长 13.0%，对西部专项扶贫资金转移支付增长 22.8%。①

诸种努力，旨在超越纯粹的 GDP 崇拜，回归民生本位，彰显社会主义正义。更为重要的是，它不但表明了中国建构和谐社会坚定不移的决心，而且昭示了社会主义国家对民生、民权的尊重与维护。对此，党的十七大报告把建构和谐社会提升为中国国家未来的优先发展目标："必须在经济发展的基础上，更加注重社会建设，着力保障和改善民生，推进社会体制改革，扩大公共服务，完善社会管理，促进社会公平正义，努力使全体人民学有所教、劳有所得、病有所医、老有所养、住有所居，推动建设和谐社会。"②为了更好地建构和谐社会，党的十七大不但提出了优先发展教育、实施扩大就业的发展战略、深化收入分配制度改革、加快建立覆盖城乡居民的社会保障体系、建立基本医疗卫生制度以及完善社会管理等六大以改善民生为重点的社会建设任务，而且把科学发展观写入党章，把"和谐"作为党基本路线中的奋斗目标之一。这无疑表明了新一代中央领导治国理念已从片面的经济发展主义当中转变过来，从而把寻求经济与社会的和谐发展提升到治国理念的高度。

从上面中国财政政策的重大转变以及党中央政策方针的转变，我们可以看到，我国不仅继续强调经济的发展，而且开始更加关注社会的发展。中央财政对三农问题、弱势群体问题的倾斜以及党中央治国理念的转变，不但是我国迫切需要解决当前发展不平衡等问题的直接体现，而且是彰显社会主义正义和社会主义优越性的必然要求。

---

① 参见《2011 年西部大开发工作进展情况和 2012 年工作安排》，2012 年 6 月 8 日，见 https://www.ndrc.gov.cn/xxgk/zcfb/tz/201206/t20120608_964447.html? code=&state=123；《2012 年西部大开发工作进展情况和 2013 年工作安排》，2013 年 8 月 26 日，见 https://www.ndrc.gov.cn/xxgk/zcfb/tz/201308/t20130826_963928.html? code=&state=123。

② 《十七大以来重要文献选编》（上），中央文献出版社 2009 年版，第 29 页。

二、完善“有引导的社会主义市场经济”：优化国家与市场的关系

如前所述，随着中国经济进一步融入经济全球化的进程，以往采用的一些宏观调控的手段开始受到新环境的挑战。为此，不仅要克服旧式计划经济的“坚硬性”，切实转变国家与市场的关系，而且要设法规范自发市场的无序性，使之纳入到一种制度框架当中。为此，中国正从两个方面致力于改善中国“有引导的市场”：一方面，中国“有引导的市场”是从传统计划经济体制的蜕变中形成的，这种过程必然呈现出种种市场自由化的倾向，这种市场自由化过程内在要求逐渐把资源分配转移到市场手中；另一方面，由于初生的市场具有各种先天性的不足，需要政府进一步完善市场经济，建立与市场经济相适应的管制制度以规范自发市场的无序性，特别是当旧有的管制手段和调控手段受到新环境（全球化和市场进一步自由化）的挑战时，更是要创建适应新形势的宏观配置手段。在现实的进程中，中国的市场自由化与市场管理能力建构齐头并进，致力于完善一种“有引导的社会主义市场经济”。

（一）积极推进市场化进程

在某种程度上来说，中国的改革开放就是不断从社会主义计划体制向社会主义市场经济转化的过程。根据学者们的概括①，从改革开放到党的十八大，关于计划与市场关系的政策演变大致可以划分为六个阶段。

第一阶段（1978—1979 年）——重视价格规律的作用。认识到计划管理体制的弊端，主张权力下放；允许商品经济关系存在和发展；提出对

① 参见张军：《“双轨制”经济学：中国的经济改革（1978—1992）》，上海三联书店、上海人民出版社 2006 年版，第 118—120 页；包炜杰、周文：《政府与市场关系的演变和突破——兼论中国特色社会主义政治经济学的国家主体性》，《学术研究》2020 年第 11 期。

经济体制进行改革。

第二阶段(1979—1984年)——计划经济为主,市场调节为辅。坚持实现计划经济的前提下,发挥市场调节的辅助作用,制定计划时要充分考虑并运用价格规律。

第三阶段(1984—1987年)——缩小指令性计划,扩大指导性计划,加强市场的调节作用。提出建立有计划的商品经济的新思想;主张有步骤地缩小指令性计划的范围,扩大指导性计划和市场调节的范围。

第四阶段(1987—1989年)——国家调节市场,市场引导企业。提出社会主义的有计划商品经济体制应该是计划与市场内在统一的体制;认为以指令性计划为主的直接管理方式不适应社会主义商品经济的发展,国家对企业的管理要逐步转向间接管理为主,要形成以国家调节市场、市场引导企业的新的经济运行机制。

第五阶段(1989—1991年)——计划经济与市场调节有机结合。重新使用计划经济与市场调节相结合的概念,表达了中央决策层对当时宏观经济运行态势的关注与担忧。

第六阶段(1992—2012年)——建立社会主义市场经济体制,使市场机制在资源配置中发挥基础性作用。1992年邓小平的南方谈话突破了许多思想上的禁区,打破了“姓资”和“姓社”对立态势。

1. 中国市场规模和市场化程度不断扩大。“十二五”期间市场总量扩张更为迅速,2012年,中国社会消费品零售总额210307亿元,比上年增长14.3%;生产资料销售总额50.1万亿元,按可比价格计算,同比增长11.9%;餐饮收入额23448亿元,增长13.6%;进出口贸易总额38668亿美元,比上年增长6.2%;全国社会物流总量达到177.3万亿元,按可比价格计算,同比增长9.8%。① 据有关专家研究,中国工业制成品的商品率在98%

① 参见《2012年国民经济和社会发展统计公报》,2013年10月30日,见http://www.stats.gov.cn/xxgk/sjfb/tjgb2020/201310/t20131030_1768604.html。

以上，汽车从过去企业和政府购买变为主要由个人购买，私人汽车保有量达到1700万辆，占总保有量近60%，5年增长一倍多。农产品商品率也大为提高，粮食、蔬菜类产品在30%以上，畜产品、水产品超过50%，水果接近90%。①

2. 国有企业股份制改革取得实质性进展。2012年，中国各级国资委在推进公司股份制改革、推进股权多元化、加快整体步伐和建设规范董事会上取得了进展。中国国企正进一步推进股份制改革，加快上市步伐，2012年国有控股上市公司市值占A股上市公司总市值的51.4%。截至2012年底，国有控股上市公司共953家，占中国A股上市公司数量的38.5%；市值合计13.71万亿元人民币，占A股上市公司总市值的51.4%。②

3.中国政府的行政干预逐渐减少，协商性管制和法治性干预日益凸显。

首先，生产指令性计划和行政审批项目大幅减少。在工业品生产方面，指令性计划只局限于木材、黄金、卷烟、食盐和天然气等5种，其中木材、天然气和黄金只是在某些环节或部分产品上实行指令性计划，成千上万的工业品全部由市场调节生产。在农业生产方面，指令性计划已全部取消，对主要农产品实行指导性计划和市场调节。而政府管理的商品和服务项目由1992年定价目录颁布时的141种(类)减少到2015年的7种(类)。③ 2012年8月，国务院常务会议决定，在以往工作的基础上，再取消和调整314项行政审批项目，其中取消184项、下放117项、合并13项。至此，国务院10年来共分6批取消和调整了2497项行政审批项目，占原有总数的69.3%。同一时期，31个省

① 相关数据参见邹东涛主编，《中国经济发展和体制改革报告No.1：中国改革开放30年(1978—2008)》，社会科学文献出版社2008年版，第136页。

② 参见《中国国企加快上市2012年市值占A股总市值过半》，2013年1月10日，见https://www.chinanews.com.cn/stock/2013/01-10/4477159.shtml。

③ 相关数据参见北京师范大学经济与资源管理所：《中国市场经济发展报告2003》，中国对外经济贸易出版社2003年版。《中央定价目录》(国家发展改革委2015年第29号令)，2015年10月20日，见https://www.ndrc.gov.cn/xxgk/zcfb/fzggwl/201510/t20151020_960806_ext.html。

（区、市）本级共取消调整了 3.7 万余项行政审批项目，占原有总数的 68.2%。①

其次，政府管理逐渐转向激励型和协商型。② 开发性金融是中国政府干预市场方式转变为协商合作型最为典型的例子之一。开发性金融在中国的实践是政府干预从直接控制到对特殊领域间接引导、开发的转变。它既配合了国有商业银行改革，又以市场化方式对特殊地区给予支持。中国国家开发银行从 1998 年开始首先开展了开发性金融业务。该业务的核心步骤是制度建设，即将政府的组织优势与开发银行的融资优势相结合。第一步是与地方签订金融合作协议，构造与政府的信用关系；第二步是签订信用合作协议，着眼于构造信用体系，推动市场体制建设；第三步是签订开发性金融合作协议，借款以政府信用为依托，资金运用以市场规则为基准，组成政府、企业、市场机制相结合的信用体系。从 1998 年到 2004 年底，国家开发银行先后与科技部、9 个省政府、180 个地市及以下政府和 18 个非政府类客户签订了合作协议。通过这种合作协议的方式，中国对基础设施、基础产业和支柱产业进行支持，并以此支持西部和东北地区的发展。2012 年，国家开发银行继续贯彻国家区域发展总体布局，积极推动通过产业转移实现中西部快速发展。新增中西部人民币贷款 3451 亿元，占比 55.2%；新增东北等老工业基地人民币贷款 703 亿元，占比 11.25%。③

最后，政府干预致力于从行政型向法治型转变。随着“依法治国”的目标

① 参见《国务院 10 年来共取消调整 2497 项行政审批项目》，2013 年 6 月 25 日，见 http://www.gov.cn/jrzg/2013-06/25/content_2434025.htm。

② 激励性管制是通过引入竞争或明确奖罚的方式来给予企业提高内部效率的诱导和刺激。它包括特许权竞标、区域间竞争、价格上限管制、稀缺资源公开拍卖等方式；协商性管制是管制者与被管制者之间就如何进行管制所达成的协约。参见张国庆、王华：《动态平衡：新时期中国政府管制的双重选择》，《湖南社会科学》2004 年第 1 期。

③ 参见纪宝成主编：《中国经济发展研究报告 2007：中国金融改革与发展道路的选择》，中国人民大学出版社 2007 年版，第 357—358 页；《国家开发银行 2012 年年度报告》，2013 年 5 月 2 日，见 http://finance.people.com.cn/bank/n/2013/0502/c202331-21341337.html。

写入宪法,《中华人民共和国公司法》等市场主体法律制度、《中华人民共和国合同法》等规范市场主体行为的法律制度的制定以及《中华人民共和国标准化法》《中华人民共和国反不正当竞争法》等市场管理秩序的法律制度的制定,尤其是《中华人民共和国预算法》《中华人民共和国审计法》等宏观调控法律制度的制定,促使政府原有的行政型市场治理方式向法治型治理方式转变。最为显著的是,2007 年 9 月 1 日《中华人民共和国物权法》的实施,它意味着市场私域在法律上的地位得以确立,国家旧有的行政干预方式必须转变,国家对私域的干预必须受到法律的限制。

由此,中国国家正在积极地推进市场化进程以进一步改善国家与市场之间的关系。

(二)进一步增强政府驾驭市场的能力

如上所述,随着中国改革开放的深入,市场化程度的增强,国家正在不断地从市场领域"退却",不断地调整其对市场的干预方式。然而,这是否意味着中国将走向一种所谓类似于西方自由主义意义上的自由的市场?在西方学术界,许多主流经济学确信,在自由资本主义和各种不同类型的管制与自由市场的混合体之间的谱系系列当中,只有美国和少数几个国家处在恰当的位置,他们确信只有"最小政府"的自由市场才是一个国家经济最好的归宿。① 在 20 世纪 70 年代到 90 年代的新自由主义反革命浪潮中,这种主张更是成为各种世界经济机构的主导思想。然而,在 20 世纪 90 年代,市场的失灵,尤其是亚洲金融危机的爆发,促使人们重新思考政府与市场的关系。实际上,到了今天,这种新自由主义的思想已经被广泛质疑。被归入国家主义阵营的发展型国家理论也成为反思的对象,但是,发展型国家理论关于政府与市场关系的某些主张仍然具有其独特的意义,尤其是韦德提出的"有管制的市场理论"。简

---

① 参见 Jonas Pontusson, *Inequality and Prosperity: Social Europe Vs. Liberal America*, Ithaca: Cornell University Press, 2005, p.ix。

尼·C. 奥伊(Jean C.Oi)承继韦德的理论，指出，人们不能够鲁莽地在政府干预和市场之间作出某种断言，不同的政府拥有不同的“能力来引导市场”。我们不是在政府与市场的非此则彼中思考，而应该关注政府和市场之间的互动以及政府行为的调整。正如许多观察者已经指出的，即使是在自由放任经济的典型陈述中，国家也扮演着重要的角色。① 市场化的进程并不意味着国家管制的完全退出，而是要根据新的环境，通过各种方式提升国家管制市场的能力。只有提升了国家驾驭市场的能力才能更好地应对各种挑战。为此，中国在各方面作出了卓有成效的努力。

首先，进一步深化政府机构改革，着实提升政府管理市场和管理社会的能力。1982 年、1988 年、1993 年、1998 年、2002 年进行了五次机构改革，其内容主要围绕着“精简机构、减少人员”这一主题展开，而 2008 年提出的“大部制”改革则更侧重政府服务能力的提升和制度建设。本次改革主要重组了八个部委，包括新的国家发展与改革委员会、工业和信息化部、交通运输部、人力资源和社会保障部、环境保护部、住房和城乡建设部以及新的卫生部。

从形式上看，“大部制”是合并和调整政府机构，预示着精简机构和裁减人员，因此与“大社会，小政府”的改革目标相一致，但从更深层意义上理解，它更是社会大转型中政府保障服务性功能突出、行政色彩淡化的必然选择。所以，“大部制”改革一是要把原来分散在各机构的相关权力集中在一个大部，从而增强政府部门的协调功能；二是要推动政府从经济型政府向服务提供型政府转型。政府职能将以提供公共产品和公共服务为己任，意味着政府官员行政理念和行为的根本转型，更意味着公众对政府决策的参与和监督。显然，这一改变将使政府权力得以规范、回归公共服务，当然也就更加符合现代市场经济社会的需要。例如，许多部委的重组凸显了改善环境和解决民生等重要主题：建立环境保护部旨在加大环境政策、规划和重大问题的统筹协调力

① 参见 Jean C.Oi，“The Role of the Local State in China's Transitional Economy”，*The China Quarterly*，No.144，(Dec.，1995)，p.1147。

度;交通运输部、人力资源和社会保障部以及新卫生部的建立,在很大程度上将更有利地在整体上为解决民生问题(包括交通出行、就业、劳动保障、住房、食品卫生、医疗等)提供制度保障,从而为市场经济的发展提供更完善的制度环境。而发改委的改革,一方面体现了国家转变经济管理方式的努力,即减少微观管理事务和具体审批事项;另一方面则体现了国家加强现代经济管理能力的努力,即在国家发展和改革委员会、财政部、中国人民银行等部门之间建立健全的协调机制,从而进一步完善宏观调控体系,增强国家驾驭市场的能力。同时,该次改革,不再把裁减人员、裁减机构作为主要目标,而是强调了政府机构的制度建设,把政府的管理能力和责任之间的联系制度化,进而强调政府公共行政体的服务职能。就此而言,与以往五次改革相比,显然是一种体制性的进步。

其次,为了更好地进行政府与市场之间的信息交流,减少信息不对称所引起的决策失误,提高政府工作效率,中国政府管理信息化得到不断深化。1999年1月,国家经贸委和中国电信牵头,联合40多家部委倡议发起了“政府上网”工程,揭开了中国“政府上网”的帷幕,2002年,国家信息化领导小组提出了关于中国电子政务建设的指导意见,中国电子政务进入一个新的发展时期。2006年1月1日,中央政府门户网站的正式开通,标志着中国政府网站层级体系的架构已经基本形成。由国家信息中心组织编撰的2007年电子政务蓝皮书《中国电子政务发展报告NO.4》指出,到2006年底,部委、省级、地市级政府网站拥有率超过90%,县级政府网站拥有率超过80%,各级政府网站平均拥有率达到85.6%,比2005年上升4.5个百分点。各级政府网站信息发布的及时性、准确性进一步提高,在线服务数量快速增长,近20家网站服务事项数量超过1000项。① 据2013年的《国家电子政务发展报告》显示,截至2013年年底,中央国家机关主要业务信息化覆盖率平均达到80%,有些部门业务信

① 参见王长胜:《中国电子政务发展报告NO.4:从政府信息上网到政府服务上网》,社会科学文献出版社2007年版。

息化覆盖率已达到100%①,全国县级以上地方已有95%普遍开展电子政务工作,区域电子政务平台和政府网站普遍建成,电子政务技术服务体系初步建成,主要部门核心业务电子政务覆盖率逐步提升,电子政务框架基本形成②。

再次,与新经济形势相适应,中国政府进一步强化了对金融市场的管理。这既是加强宏观调控能力的需要,也是应对金融资本全球化所带来的各种挑战的必然选择。1997—1998年的亚洲金融危机业已暴露出了对金融风险控制的必要性。通过金融管理体制的改革努力,原有硬性的、直接的管理体制正在逐渐被打破,“一行三会”的新体制得到不断的完善。1993年通过、2003年修正后的《中华人民共和国中国人民银行法》明确了人民银行的金融监管职能,负责防范、化解系统性金融风险,维护国家金融稳定;1998年4月,成立中国证券与期货监督管理委员会,负责对证券期货业的监管;2003年4月,成立中国银行监管委员会,负责监管银行、金融资产管理公司、信托投资公司以及其他存款类金融机构;1998年,成立中国保险业监管委员会,统一监管保险市场。这种体制表现出鲜明的专业监管特性,各个专业监管机构是国家市场干预权力的代理人,面对更具有流动性的金融市场,这些专门监管机构往往互相合作,为此“三会”于2003年6月达成的备忘录,建立了联席会议制度和信息收集与交流机制,以此提高市场应对能力。③

最后,进行制度创新,优化国有资产管理,并推动新一轮的国有企业重组,进一步增强国有企业的竞争能力,为国家增强驾驭社会主义市场经济的能力提供更坚实的基础。强调企业集团的建立,既是增强产业竞争力的使然,又是发展型国家的一个重要特色。在这一方面,中国国有企业的市场化并不意着私有化,也不意味着国家对国有企业驾驭的放松,相反,中国政府通过建立与

① 参见《国家电子政务发展报告》(2013),人民邮电出版社2014年版,第31页。

② 参见《国家电子政务发展报告》(2013),人民邮电出版社2014年版,第2页。

③ 参见纪宝成主编:《中国经济发展研究报告2007:中国金融改革与发展道路的选择》,中国人民大学出版社2007年版,第247页。

市场相适应的制度形式以及管理机制来增强对国有企业的管理和导控。

> 国有大企业是我国国民经济的支柱，是体现国家竞争力的主要力量。国有经济控制力不但要有“量”的保证，还要有“质”的优化。在当前跨国巨头全面进入、民营经济异军突起的新时期，无论从国有经济的布局范围，还是从国有经济的活力和实力来看，都必须进一步增强国有经济的控制力。①

对此，最为显著的制度设置就是2003年国有资产监督管理委员会的成立。这一委员会旨在监管国有资产，确保国有资产保值增值，进一步搞好国有企业。这既是顺应国有企业市场化的举措，又是在市场化环境下增强国家驾驭国有企业能力的积极措施。国资委成立后，为了优化资产和提升国企竞争力，中国加快了新一轮的企业合并重组进程。2004年6月12日，国资委发布《关于推动中央企业清理整合所属企业减少企业管理层次有关问题的指导意见》拉开央企整合大幕，经过2004年至2006年的整合，央企数量减少了36家，2007年和2008年又由156家减少到141家。② 就全部国有及国有控股企业而言，其户数也从2003年的3.66万户减少到2006年的2.61万户。但是，同期资产总额却从9.54万亿元增加到13.4万亿元，年平均增长12%；销售收入从5.81万亿元增加到10.09万亿元，年均增长20.2%；利润总额从3784亿元增加到8072亿元，年均增长28.7%。利润增长幅度大大超过资产增幅，说明资产质量和盈利能力明显提高。特别是国有资产向军工、航空、通信、能源等重点领域、关键行业的集中力度加大，中央企业80%以上的国有资产集中在军工、能源、交通、重大装备制造、主要矿产等领域，承担着中国几乎全部的原油、天然气生产，提供了全部的基础电信服务和大部分增值服务，发电量占

---

① 《为何要增强国有经济控制力?》，2016年12月18日，见http://news.xinhuanet.com/politics/2006-12/18/content_5503659.htm。

② 参见黄湘源：《国资重组需走出体制“螺蛳壳”》，见http://www.sasacrc.com/in_new1-3-696.html。

全国的55%,民航运输周转量占全国的82%,水运货物周转量占全国的89%,汽车运输周转量占48%,高附加值优质钢材占全国的60%。①

(三)建构"有引导的社会主义市场经济"

"有引导的市场"是发展型国家的一个重要特征,而中国改革开放所致力建设的一种市场从本质上也属于这样一种市场。具体来说,中国正在不断完善的"有引导的社会主义市场经济",既是对"市场社会主义"理论的一种扬弃,又是对中国"双轨制"的逐渐超越,它强调市场对资源配置的基础作用,但不否认"建构理性主义"所主张的国家对市场的干预(或者宏观调控)。

中国正在形成的一种"有引导的社会主义市场经济",首先是对"市场社会主义"的一种批判继承。如前所述,一种理想化的"市场社会主义"模式(以兰格和格勒为典型)是不可靠的。对这种理想化模式的批判主要来自两个方面:一方面,以哈耶克为代表的自由主义经济学家认为,计划的经济学及其逻辑是与市场经济的自由主义哲学不兼容的,计划经济的思想是个人理性的狂妄与无知,它所依赖的"建构理性主义"哲学传统是行不通的。另一方面来自东欧一些国家早期改革经验的反思。例如,匈牙利在60年代开始的分权化改革和1968年1月开始实行的"新经济机制"并没有取得成功。即使80年代的波兰比匈牙利改革得更深入,但它的市场导向改革并不彻底,而未能使波兰的经济走向复苏。其中的原因被认为是市场的作用发挥得不明显,因为政府并没有致力于全面的以价格自由化和私有化为主要内容的真正的改革运动。②然而,一种尊重市场规律的、以市场为资源配置基础的"市场社会主义"形态则是可能的。一方面,崇尚自由市场和彻底私有化的自由主义主张也被实践

① 参见《国有企业改革三部曲:从扩权让利到战略性重组》,见 http://www.sasacrc.com/in_new1-3-406.html。

② 参见张军:《"双轨制"经济学:中国的经济改革(1978—1992)》,上海三联书店、上海人民出版社2006年版,第51—52页。

证明是行不通的;另一方面,固守"计划"的"建构理性主义"固然也是无法践行的。如此,既需要建立一种以市场为资源配置基础的体制,又需要有一定程度的以"建构理性"为指导的国家干预。这种辩证结合的整体不仅是历史经验的使然,也是社会主义价值理念的使然。马克思早就批判了自由资本主义所带来的剥削和社会不平等,作为社会主义大国,国家对市场的干预以及国有资产在市场当中占主导地位有利于提升国家二次分配的能力,进而有利于为全国老百姓谋取正在的福利。

其次,中国的"有引导的社会主义市场经济"是一种不断完善的进程。改革初期的"双轨制"就是一种将计划与市场有机结合的模式,它是对兰格式"市场社会主义"的超越。澳大利亚经济学家蒂斯坦尔首次研究了中国价格"双轨制"与兰格"市场社会主义"的关系。

> 在由兰格、泰勒提出的市场社会主义体制与中国的双轨价格制之间存在若干的差异和共性。两种体制都是致力于使市场供给与市场需求相平衡,但是,兰格和泰勒模式要求由国家来模拟市场,双轨价格制限定生产单位生产量的一定比例受计划当局的计划配额支配。在中国,计划配额之外的生产则不再受任何生产配额的支配,供给与需求可以通过市场上在买者与卖者之间直接沟通。因此,根据交易成本理论,中国的双轨价格制将比兰格和泰勒模式花费更少的成本。进一步来说,对于卖者而言,尽管价格双轨制在制定价格方面比兰格和泰勒模式具有更大的风险性和不确定性,但是价格双轨制并不要求国家掌握缓冲存货或利用平衡资金来影响市场。①

在这种情况下,"中国的价格双轨制在修正垄断者的行为方面可能更有效率,价格双轨制能诱导垄断者生产出更大的产出量"。更为重要的是,与"兰格—泰勒的市场社会主义模式被设定成为一种理想的、稳定的和终极的

---

① [澳]克莱门德·蒂斯坦尔:《中国的经济发展》,杨瑞龙等译,中国经济出版社 1995 年版,第 148 页。

制度模式"①不同,"中国的双轨价格制所具有的优点是,它是可变动的,且它允许向一个相对的自由市场经济过渡"②。因此,中国的价格双轨制模式是一种典型的过渡模式,而随着中国市场化渐进进程的不断深化,双轨制的逐渐"并轨",以及国家宏观调控机制和国有资产管理机制的不断完善,中国的"有引导的社会主义市场经济"将会得到不断完善。因此,它更多的是一种"经验主义"式的"摸着石头过河"的进程。但我们始终相信"建构的理性主义"在这种"经验主义"的探索路途中发挥着举足轻重的作用。

三、超越国家合作主义:调整国家与社会的关系

权威合作主义的社会架构可以说是转型时期的一种权宜之计,它对初生市场和公民社会的种种局限性具有必要的填补作用。然而,正如前面指出的,随着市场的进一步完善和公民社会的进一步成熟,这种权威合作主义开始体现出诸种局限性。那么这种权威合作主义将走向何方?从20世纪80年代初开始,公民社会作为一种政治力量的重要性得到全世界的关注。③ 20世纪90年代以来,公民社会(或市民社会,都是对civil society一词的翻译)也成为中国学术界的热门话语,在中国期刊网上进行搜索,把时间设定为1990年1月到2007年10月止,就有多达700多篇题名包含"市民社会"字样的文章,多达400多篇题名包含"公民社会"字样的文章。除了对"civil society"一词的概念阐释的文章之外,大多都涉及中国国家结构的转型问题,指出中国的"公民社

① 张军:《"双轨制"经济学:中国的经济改革(1978—1992)》,上海三联书店、上海人民出版社2006年版,第155页。

② [澳]克莱门德·蒂斯坦尔:《中国的经济发展》,杨瑞龙等译,中国经济出版社1995年版,第149页。

③ 参见Muthiah Alagappa,"Introduction",in Muthiah Alagappa Edited,*Civil Society and Political Change in Asia*, *Expanding and Contracting Democratic Space*, Stanford, California: Stanford University Press,2004,p.3。

会”随着中国改革开放的不断深化而逐渐得到成长。那么,这是否意味着中国将走向一种西方式的“最小国家”的公民社会?尽管许多中国学者试图从“公民社会”的路径去阐明中国国家—社会结构的变化,但大部分学者都没有得出“最小政府”的结论,反而强调国家与社会最终走向一种良性互动和合作。“这些民间组织正在从‘政府的助手’变为‘政府的合作者’,它们在从国家中分离出来的同时又以新的方式与之建立起连接。”①所以,这种“公民社会”的路径实质上蕴含了一种“合作主义”的视角。张静等人更是直接从“合作主义”的路径着手,直接得出国家与社会相互合作的结论。这说明中国学界从中国现实国情出发,并不主张中国走向一种“最小国家”式的社会自治,而是强调在培育公民社会的同时,加强国家建构,进而促进国家与公民社会的良性互动。对此,国家对民间组织积极作用的认识越来越明确,正不断努力改善民间组织发展的制度环境,推动民间组织的发展,尤其是公共服务型民间组织的发展,借助民间组织参与各种公共治理,从而促进国家与公民社会之间的良性互动。

(一)政府对民间组织态度的转向

20 世纪 90 年代中期以后,随着市场经济的发展以及民间组织的成长,政府对民间组织的积极作用有了更深刻的认识。2003 年 11 月 6 日,中国民政部正式建立“中国民间组织网站”,它为政府及时公布政策法规,协助民间组织与政府有关部门沟通,促进透明度以及为全国民间组织之间的交流提供了一个平台。这一举措标志着国家对民间组织的重视,确认了民间组织在建设富裕与和谐社会中的积极地位。党的十六大后,建构和谐社会的治国理念更是确立了社会事务管理中党和政府主导、社会协同、公民参与的格局,明确了各种民间组织提供服务、提出诉求和规范行为等三大积极作用。对慈善性、环

① 郁建兴、吴宇:《中国民间组织的兴起与国家—社会关系理论的转型》,《人文杂志》2003 年第 4 期。

境保护等具有公共服务型的民间组织更是采取一系列措施加以扶持，充分利用和发挥他们的积极作用。① 在世纪之交前后，中国民间组织的发展开始步入一个新的高潮。从 1999 年开始，检索到的新增民间组织的数量大致以每年 30%的增长率递增。据《中国民间组织报告（2013 年）》显示，截至 2012 年底，全国共有民间组织 49.9 万个。截至 2011 年底，全国共有民间组织 46.2 万个，比 2010 年增长 3.7%。2012 年与 2011 年相比，民间组织数量增加了 3.7 万个，2012 年的年增长率为 8.1%。②

（二）民间组织制度环境的改善

中国正努力改善民间组织的制度环境，为民间组织的发展提供更好的制度支持。不断修订《社团登记管理条例》以适应对民间组织发展的新需要，在 1998 年进行第一次修订之后，2007 年再次修订。该修订首次增加了“涉外民间组织”这一块内容，从法律上首次将涉外的、外国在华的民间组织纳入中国国家的登记管理体系当中。对某些类型的民间组织，政府更是通过建立正式法律来给予更大的支持。2004 年，国务院颁布了《基金会管理条例》，将基金会区分为公募和非公募两种基本形式，在继续发展以公募聚财为特征的传统基金会的同时，开辟了促进企业家等以回馈社会为特征的非公募基金会的发展道路。这是推动中国公益事业发展的一项重大的制度创新。此条例颁布后，登记注册基金会的数量显著增加，在 2007 年底时，在各级登记部门注册的基金会总数为 1340 家，比 2004 年增长了 50%。③ 到 2012 年年底，全国依法登记的基金会达 2961 个，总资产约为 784.9 亿元，从 2005 年到 2012 年数量

① 参见何增科：《中国公民社会制度环境要素分析》，载俞可平等：《中国公民社会的制度环境》，北京大学出版社 2006 年版，第 125 页。

② 参见黄晓勇主编：《中国民间组织报告（2013 年）》，社会科学文献出版社 2013 年版，第 2—3 页。

③ 参见王名：《民间组织的发展及通向公民社会的道路》，载王名主编：《中国民间组织 30 年——走向公民社会（1978—2008）》，社会科学文献出版社 2008 年版，第 30 页。

增长了2倍,资产增长了15.67倍。①

（三）去行政化与双重管理体制改革

民间组织的去行政化改革取得阶段性成绩,双重管理体制在某些地区也展开了改革。为了进一步释放民间组织的活力,中国在去行政化改革方面作出了诸多努力。2004年,颁布实施的《基金会管理条例》规定“基金会理事长、副理事长和秘书长不得由现职国家工作人员兼任”。而针对现职公务员主要集中在行业协会兼职的情况,2007年,国务院办公厅出台《关于加快推进行业协会商会改革和发展的若干意见》,规定现职公务员不得在行业协会兼任领导职务,确需兼任的要严格按有关规定审批。2007年9月,民政部再出政策,下发了《关于社会团体登记管理有关问题的通知》,要求各全国性社会团体认真审核社会团体负责人任职资格和条件,进一步理顺了民间组织与行政单位的关系,为民间组织的自主性开辟了更大的空间。② 此外,一些先进的民间组织管理理念已经开始运用到了实际管理工作中。2005年12月,广东省人民代表大会通过《广东省行业协会条例》,对双重负责的管理体制进行了改革,规定行业协会设立,可直接向登记管理机关申请登记,将业务主管单位改为业务指导单位,改成一个部门管理并多个部门共同指导,并同时在全省推进“五自四无”,即行业协会“自愿发起、自选会长、自筹经费、自聘人员、自主会务”和“无行政级别、无行政事业编制、无行政业务主管单位、无现职国家机关工作人员兼职”,并规定离退休国家公务员不能在行业协会担任领导职务,从而大大提升了广东行业协会的自主性和灵活性。③ 2013年3月,国务院颁布《国

① 参见杨团主编:《中国慈善发展报告(2013)》,社会科学文献出版社2013年版,第41页。

② 参见李勇:《民间组织的专项改革与制度创新》,载王名主编:《中国民间组织30年——走向公民社会(1978—2008)》,社会科学文献出版社2008年版,第128—129页。

③ 参见李勇:《民间组织的专项改革与制度创新》,载王名主编:《中国民间组织30年——走向公民社会(1978—2008)》,社会科学文献出版社2008年版,第128—129页。

务院机构改革和职能转变方案》,明确提出“重点培育、优先发展行业协会商会类、科技类、公益慈善类、城乡社区服务类社会组织。成立这些民间组织,直接向民政部门依法申请登记,不再需要业务主管单位审查同意”。2014 年 4 月 1 日,北京市开始对行业协会商会类、科技类、公益慈善类、城乡社区服务类四类民间组织进行直接登记。截至 2013 年底,北京市直接登记民间组织 221 个,占全年民间组织登记量的 33. 79%①。同时期,安徽省直接登记成立的民间组织已达 671 家,较 2012 年年底的 154 家增加 517 家,增幅达 3 倍以上。②

(四)政府与公民社会间的良性互动

致力于政府与公民社会之间的良性互动可以说是合作主义的一种理想目标。目前,政府与公民社会已初步形成一种较为良性的互动关系。其中最为显著的是公益型民间组织,它们与政府之间正努力深化合作,促进良性互动关系的形成。

很明显,中国在进一步培育公民社会的同时,也在努力地改善着各种社会管理方式,致力于构建国家与公民社会良性互动、积极合作的新型社会。

综上所述,中国正在展开国家发展模式的转型,一方面致力于重新调整经济发展与自然、社会的关系,以超越经济发展主义;另一方面重新调整国家、市场和社会的关系,以完善“有引导的社会主义市场经济”,改善政商关系,超越(被实践证明并在其他国家已然失效的)僵硬的国家合作主义。如此,中国正试图追求一种国家、市场和公民社会良性互动的善治。在强调市场化、分权和公民社会成长的同时,中国加强了国家治理能力的建构,它不仅在市场失灵中发挥重要作用,而且在协调地方关系、克服地方经济利益集团的抵制以及在进

---

① 参见《北京 2013 年社会组织登记数量达到历史新高》,北京市社团办社会组织登记处,2014 年 1 月 26 日。

② 参见汪国梁:《2013 年至今安徽省直接登记成立社会组织 671 家》,《安徽日报》2014 年 1 月 2 日。

行收入分配等社会领域发挥着重要的作用。合理的市场自由化、适度的分权以及恰当的社会自主性，并不会削弱国家的能力，只要与市场、公民社会形成一种良性的互动，并进行积极的合作，国家的能力反而会增强。

第四章　全面超越发展型国家与新时代中国国家治理

中国的国家转型是一个复杂的过程，它不仅要超越传统社会主义发展型国家所遗留下的种种局限，而且要克服改革开放后逐渐形成的新形态发展型国家的缺陷。随着中国改革的不断深化以及中国融入全球经济领域的不断扩大，中国在其转型中仍然面对着来自自身结构变化和国际环境变化的诸种挑战。当前的世界性金融危机更是使得某些局限性凸显出来。为了应对这些挑战，中国国家必须要进一步解放思想，从经济发展主义意识形态和过度外向型经济思维模式当中解放出来，重新审视渐进式改革，进一步打破垄断，致力于建构一种民生经济。中国的未来在很大程度上取决于这些问题的解答。

一、新时代中国国家转型中的挑战

为了克服发展型国家发展范式所带来的一些负面效应，我国展开了国家发展范式转型的进程，试图既超越发展型范式的缺陷，又继承发展型范式的优势，从而致力于建构一种完善的“有引导的社会主义市场经济”，并在诸多方面取得了初步的成果。在当前的风云变幻的世界大环境下，面对百年未有之大变局，国际局势正在发生着深刻变化，不稳定性、不确定性因素此起彼伏。经济全球化、信息技术化全面革新，霸权主义和强权政治依旧挑动着国际政治、全球经济以及安全领域。在此背景下，国际形势既给中国国家的转型和发展带来了前所未有的机遇，同时也带来了巨大的挑战。“中国特色社会主义进入新时代，意味着近代以来久经磨难的中华民族迎来了从站起来、富起来到强起来的伟大飞跃，迎来了实现中华民族伟大复兴的光明前景。”①当今的中国是一个后发展型工业化国家，其根本目标是实现社会主义现代化，实现民族全面复兴和全体人民共同富裕。这个战略目标就决定了中国国家的大同思想与西方国家意欲主宰世界的战略图谋处于相互对立的位置。除了面临国际社会的挑战，中国社会主要矛盾也发生了根本性变化，以及执政党面临“赶考”的考验。总之，中国“面临对外维护国家主权、安全、发展利益，对内维护政治安全和社会稳定的双重压力，各种可以预见和难以预见的风险因素明显增多”②。具体来说，中国国家在转型中面临着如下挑战。

（一）中国国家转型在新时代面临的国际挑战

面对世界百年未有之大变局，中国国家转型正处于新的历史交汇期。当今世界各种矛盾相互交织、相互作用，世界霸权主义和强权政治依然存在，各种传统和非传统安全威胁不断涌现，单边主义、贸易保护主义、逆全球化思潮不断有新的表现，文明冲突、文明优越等论调不时沉渣泛起。党的十九大报告指出，中国特色社会主义进入新时代，综合国力和国际影响力不断增强，前所未有地走近了世界舞台的中心。但是，随之而来的国内外矛盾也愈加增多，中国国家转型也面临着前所未有的国际挑战。正如习近平总书记所指出的：“现在，我们迎来了世界新一轮科技革命和产业变革同我国转变发展方式的历史性交汇期，既面临着千载难逢的历史机遇，又面临着差距拉大的严峻挑战。我们必须清醒认识到，有的历史性交汇期可能产生同频共振，有的历史性交汇期也可能擦肩而过。”③

① 《习近平谈治国理政》第三卷，外文出版社 2020 年版，第 8 页。
② 《习近平谈治国理政》第一卷，外文出版社 2018 年版，第 84 页。
③ 《习近平谈治国理政》第三卷，外文出版社 2020 年版，第 246—247 页。

从世界经济形势来看，世界经济复苏势头显著，但同样面临着诸多不确定性制约因素。全球产业链供应链紊乱、大宗商品价格持续上涨、能源供应紧张等风险相互交织，加剧了经济复苏进程的不确定性。《世界经济黄皮书：2022年世界经济形势分析与预测》中指出当前世界经济仍处于中低速增长轨道，强调政策风险是短期世界经济面临的最大风险，包括主要发达经济体应对通胀、维持经济复苏的货币与财政政策，如果主要发展经济体的货币与财政政策调整失当，将会引发资产价格动荡暴跌，同时扼杀脆弱的经济复苏并可能将经济推入滞胀通道，给世界经济和金融的稳定性带来重大挑战（尤其对广大发展中国家而言，更是充满挑战）。从中长期上来看，主要影响因素包括攀升至历史最高水平的债务、主要经济体人口老龄化趋势加剧、劳动生产率增速迟缓、多边贸易体系改革谈判达成共识困难重重、金融监管持久性存在漏洞、能源转型过程中的非平衡性、经济民族主义特别是资源民族主义抬头等。

从地缘政治环境来看，复杂性、不稳定性和不安全性是中国面临的重大挑战。总的来说，“霸权主义、强权政治和干涉主义仍然是威胁世界和平与稳定的主要根源”①。

从全球治理体系来看，全球治理分裂是当前全球治理面临的主要困境。当前世界正经历百年未有之大变局，全球治理体系变革加速推进，一方面新兴市场国家和发展中国家的崛起为全球治理体系变革注入了新的动力，另一方面经济全球化遭遇波折，世界经济结构发生深刻调整，不稳定不确定因素和风险明显增加。② 美国正在实行的单边主义，单方面肆意“退群”和撕毁国际协议，给全球治理带来了分裂的趋势，比如特朗普政府2017年相继退出《移民问题全球契约》、《跨太平洋伙伴关系协定》、《巴黎协定》、联合国教科文组织，

① 肖子良：《中国共产党防范执政风险研究》，中国社会科学出版社2018年版，第149—150页。

② 参见吴志成、王慧婷：《全球治理体系面临的挑战与中国的应对》，《天津社会科学》2020年第3期。

2018年退出伊朗核问题全面协议、联合国人权理事会，废止《中导条约》等。气候环境问题关乎每个国家的发展和人类的生存，是全球治理体系的重中之重，而由于气候风险的内生性和延展性，导致了国际社会在气候治理立场和手段上都存在严重的分歧，扩大了全球治理的分裂①。中国虽然非常重视气候变化问题，大力推进生态文明建设，把气候治理作为国家的长期战略任务，但由于各国利益诉求和治理意愿的不同，导致了气候治理义务和责任分配不公平和不均衡等全球治理分裂的现实，中国面对这样的国际挑战，同样也困难重重。除此之外，核安全治理是全球治理体系中的重要内容。随着核技术和导弹技术的加速扩散，核技术和核材料扩散主体逐渐增多，冲击了国家之间的战略稳定，给包括中国在内的全球安全治理增加了挑战。

（二）中国社会主要矛盾转变带来的新挑战

习近平总书记指出，“我国社会主要矛盾的变化是关系全局的历史性变化，对党和国家工作提出许多新要求”②。社会主要矛盾反映了国家经济、政治、文化、社会等方方面面的现实境遇，社会主要矛盾的转变揭示了国家建设与改革将要面临或已经面临诸多新挑战。通过社会主要矛盾来研判党和国家的根本任务，抓住工作重点，是马克思主要唯物辩证法的具体表现。中国特色社会主义进入新时代，中国社会主要矛盾发生深刻变化，由人民日益增长的物质文化需要同落后的社会生产之间矛盾，转化为人民日益增长的美好生活需要和不平衡不充分的发展之间的矛盾。中国社会主要矛盾由“数量短缺型”向“优质不足型”的转变，反映了供需矛盾从较低层级向中高层级的跨越，意味着中国广大人民群众对美好生活的期待内容更加丰富，意味着中国发展理念、发展方式、发展动力亟须创新，也意味着中国社会的全方位改革需要更加深化。中国社会主要矛盾转变是中国共产党对中国建设和改革的深刻总结，

① 朱炳成：《全球气候治理面临的挑战及其法制应对》，《中州学刊》2020年第4期。
② 《习近平谈治国理政》第三卷，外文出版社2020年版，第9页。

决定了中国特色社会主义现代化建设的基本内涵,确立了当前中国全面建设社会主义现代化国家的历史任务。从国家发展进程来看,解决中国社会主要矛盾与中国全面建设社会主义现代化国家统一于实践当中,解决中国社会主要矛盾问题,实质上就是推进中国特色社会主义现代化国家建设。认识到这些根本问题,才能认识到中国社会主要矛盾转变给中国社会主义现代化建设带来的新挑战,才能在解决社会主要矛盾的同时,更好地处理和应对国家建设和改革中面临的困境。总体来说,中国社会主要矛盾转变给中国国家转型带来以下两个方面的挑战。

一方面,随着社会经济文化的快速发展和人民物质生活条件的不断提高,人民群众对美好生活需要的内容和质量发生了根本性变化。满足人民美好生活需要是国家转型考量的根本要素,事关国家发展与改革的成败。一旦人民的生产生活和精神家园得不到充分保障,偏离治国理政的初心,国家建设和改革的过程就会异常艰难,最终结果也会适得其反。只要把关乎人民群众切身利益的事情放在首位,作为社会价值目标,国家的改革与发展才能顺利进行,这是国家转型的根本问题。经过改革开放 40 多年,中国进入新发展阶段,物质生产资料匮乏得到了根本性解决,人民对精神世界的追求逐渐提升,对参与政治生活的要求也不断提高,人民的美好生活需要得到了根本性转变。为人民谋幸福是中国共产党的初心,通过不断满足人民群众的需要,中国共产党不断得到人民拥护,执政地位不断巩固和增强,在其领导下全面建设社会主义现代化国家的步伐也稳步推进。我们知道,中国社会主要矛盾的转变是历史性的,更重要的是,它关系着党和国家工作全局的重大变化。2022 年《政府工作报告》指出,与去年相比,中国国内生产总值增产 8.1%,居民人均可支配收入实际增长 8.1%,城镇新增就业超 1000 万人,新增减税降费超过 1 万亿元。脱贫攻坚任务圆满完成,中国 1 亿贫困人口实现脱贫,提前 10 年完成《联合国 2030 年可持续发展议程》的减贫目标。同时,2022 年《政府工作报告》提出了预期目标,包括国内生产总值增长 5.5%左右,城镇新增就业 1100 万人以上,居民消费价格涨幅3%左右，并在教育、医保、社会保障、住房等民生问题上提出新的要求。新要求滋生新挑战，满足人民对美好生活需要就是社会主义现代化国家建设和改革的方向。

另一方面，经过改革开放40多年的发展，中国经济实力和综合国力实现了重大突破，但也产生和积累了诸多结构性问题，“发展不平衡不充分问题仍然突出”。党的十九届五中全会审议通过了《中共中央关于制定国民经济和社会发展第十四个五年规划和二〇三五年远景目标的建议》，《建议》指出，进入新发展阶段，“发展不平衡不充分问题仍然突出”是我国改革与发展面临的主要挑战。同时，《建议》又明确强调，中国将“开启全面建设社会主义现代化国家的新征程”。可见，不平衡不充分的发展问题事关全面建设社会主义现代化国家，两者在社会价值目标上高度契合。“不平衡”突出了经济发展结构上的诸多问题，而“不充分”强调发展后劲和发展程度的问题。现阶段，中国社会发展不平衡不充分问题主要表现以下方面：一是城市与乡村、东部与西部等区域之间发展的不平衡，虽然中国东中西各区域的城乡发展不断提高，民生工程、社会保障和收入水平都稳步提升，但在实际发展过程中，仍在收入、医疗、教育、就业等方面存在不少的差距，中西部地区的经济和社会发展水平明显不足于东部地区。二是经济发展与社会发展的不平衡，我们知道，中国经济总量达到世界第二的水平，经济保持中高速增长，但社会发展相对滞后问题依旧突出，教育、医疗、社会保障等基础公共服务总量不足，均等化程度偏低。三是经济发展与生态环境保护之间的不平衡，经济的快速发展，在一定程度上增加了生态承载力，付出了过高的生态成本。虽然近年来中国在推进生态文明建设方面取得了显著的成效，但与其他一些国家相比，在空气质量、森林覆盖率、能源资源保护等方面还存在较大差距。在中国社会主要矛盾转变中，不平衡不充分的发展问题制约着满足人民日益增长的美好生活需要，成为了社会主义现代化建设的新挑战。因此，解决好发展不平衡不充分问题，是开启全面建设社会主义现代化国家新征程的必然选择。

（三）中国共产党新时代“赶考”面临的新挑战

自1949年3月，毛泽东在西柏坡提出“进京赶考”后，“赶考”已成为中国共产党迎接挑战、接受考验的形象表达。“时代是出卷人，我们是答卷人，人民是阅卷人。”①一个时代有一个时代的问题和任务。在新的历史方位上，面对世界百年未有之大变局，世情国情发生深刻变化，中国共产党在新时代“赶考”面临新的挑战。习近平总书记指出：“过去一百年，中国共产党向人民、向历史交出了一份优异的答卷。现在，中国共产党团结带领中国人民又踏上了实现第二个百年奋斗目标新的赶考之路。”②当前，中国共产党在新时代“赶考”中主要面临以下方面的新挑战。

首先，世界相异的政治制度伴生了意识形态的多元化，引领主流意识形态就成为了中国共产党必须面临的首要挑战。中国共产党一贯高度重视意识形态问题，把引领主流意识形态工作作为党的一切工作的重中之重。习近平总书记强调：“意识形态关乎旗帜、关乎道路、关乎国家政治安全。”③意识形态工作不是轻轻松松、敲锣打鼓，做好意识形态工作事关党的命运和国家的长治久安。一个政党的意识形态深刻影响着该政党的政治结构和功能体系，决定了政党“应该往哪走”“怎样走”“如何走好”等问题。中国共产党旗帜鲜明地表明自身的性质即是马克思主义政党，始终坚持马克思主义的基本立场、观点和方法，在马克思主义科学理论的指导下不断建设和发展。就中国共产党而言，引领主流意识也就是坚定马克思主义信仰，巩固马克思主义在意识形态领域的指导地位。最重要的是，防范政治风险和政治安全，就必须科学对待马克思主义，在夺取思想阵地的基础上，发扬和宣传好马克思主义，让马克思主义

---

① 《习近平谈治国理政》第三卷，外文出版社2020年版，第70页。

② 习近平：《在庆祝中国共产党成立100周年大会上的讲话》，人民出版社2021年版，第22页。

③ 中共中央党史和文献研究院：《习近平关于总体国家安全观论述摘编》，中央文献出版社2018年版，第111页。

意识形态工作的领导力和话语权牢牢把握在中国共产党手里。但是，信息多元化、文化多样化的历史发展潮流势不可挡，鱼龙混杂的社会思潮相互激荡、竞相发声，尤其是西方世界的新自由主义、民族虚无主义、文化虚无主义以及历史虚无主义等社会思潮散发错误观点，肆意诋毁中国共产党的历史实践，妄图削弱马克思主义主流意识形态，故意弱化马克思主义主流思想的向心力和凝聚力。特别是西方资本主义意识形态宣扬的政治虚无主义思潮，一度否定中国共产党的合法性和执政能力，强力虚无党的领导、政治信仰、政治原则，以隐蔽性的方式不断挑战中国共产党的政治文化，威胁中国共产党和中国国家的政治安全，给中国共产党的意识形态工作带来了重大挑战。

其次，中国特色社会主义进入新时代，中国社会面临着社会攻坚转型，势必社会矛盾、社会结构和社会治理等社会问题会发生深刻变化，社会秩序可能重构，这让中国共产党面临着维护经济发展和政治稳定的重大挑战。社会攻坚转型是现代化发展必然面对的趋势，既是机遇又是挑战，这“不仅包括经济体制的转轨、社会结构的变动、治理体系的更新，也是整个社会形态的变迁，涉及复杂多样的利益关系、社会关系、权力关系以及组织关系的调整”①。当前，中国社会进入新时代，说明中国的改革开放逐渐进入攻坚期和深水区，这就意味着中国社会必然需要面对着多元思想碰撞、诸多问题暴露以及各方面矛盾激化等挑战。当今信息社会的日益繁华，国际社会在充满挑战的时代加速数字化转型，这让中国受到的发展约束更多更紧，转型升级倒闭更加强烈，尤其是核心技术上“卡脖子”问题更加突出，新技术、新业态、新经济亟须发展。不仅如此，在社会转型期中，社会治理错位、政治体制改革以及民生利益不平衡等因素都有可能引发政治稳定风险。中国共产党作为执政党，是社会治理和社会风险管控的主体，社会转型在很大程度上考验了中国共产党预防和处

---

① 王建：《马克思的风险社会思想及其当代价值》，人民出版社 2018 年版，第 94 页。

理社会突发事件的反应能力和化解能力,比如地震突发和疫情来临。居安思危和忧患意识是中国共产党提高社会风险预警能力的重要品格。社会政治体制是国家行稳致远的根本,深刻影响着国家的政治安全,如何避免改革带来的制度风险和政治风险,是中国共产党在新时代面临的新挑战。除此之外,民生问题更是引发政治稳定风险的深层因素。一旦人民的利益发生重大偏移,中国共产党就可能面临"塔西佗陷阱",这给社会稳定发展带来严峻考验。而不平衡不充分发展是当前社会发展的现实,这让中国共产党面临新的挑战。

最后,尽管中国共产党自身建设与自我革命一直在路上,但仍存在部分党员思想落后、政治腐败、价值认识偏差等政治价值不良的现象,这给中国共产党在初心使命的政治认同上增加了新挑战。政治价值是政治主体处理国家事务和党的事业的重要内容,内含着政党治国理政的政治理念、原则和宗旨,规定了一个国家中政治生活的深刻含义和价值体现。也就是说,一个国家和政党关于政治秩序和政治功能的良好运转离不开对政治价值的认知与认同。具体来说,中国共产党在自身建设和自我革命中,需要坚持的政治价值认知和认同的是坚持以人民为中心的理念和宗旨,这是中国共产党上百年来的经验总结和思想升华,当然这也是作为马克思主义政党的基本原则。坚持为中国人民谋幸福、为中华民族谋复兴的初心使命,是中国共产党政治价值认知的基本内容。坚持以人民为中心的价值导向是中国共产党坚持马克思主义唯物史观的重要体现,也是中国共产党稳固执政的根基,防范政治风险的历史必然。但是,随着社会经济的发展,少部分党员干部的思想也产生了改变,马克思主义理想信念不坚定,为人民谋幸福、为民族谋复兴的初心使命不牢记,人民主体的政治价值认知出现偏差,甚至党的领导的政治认同发生转移,这些都是陷入功利主义、官僚主义和形式主义等泥潭的重要表现。从根本上认识不到自身党员身份的定位是全心全意为人民服务的宗旨,认识不到权力来自于人民、用之于人民的本质,认识不到政策执行比理论表达更重要的原则。正是由于这少部分中国共产党员对政治价值的认知偏差，才影响了人民群众对党的政治认同。①

二、新时代中国国家治理

在“摸着石头过河”的试错式经验中不断应对挑战，在完善社会主义国家的建构理性引导下不断深化改革，是中国社会转型和发展不断取得成效的法宝。在中国进入新一轮改革和中国经济日益全面融入全球经济的背景下，为了克服当前的各种挑战，中国必须要进一步加强国家治理能力的建构，进一步解放思想，重新思考外倾性和自主性的关系，重新审视渐进式改革，加强社会主义市场经济的法治化建设，打破垄断以建构一种民生经济结构，并且要进一步释放民间力量，从而开辟中国国家治理的新篇章。

（一）以政党为中心的国家能力建构

正如苏珊·斯特兰奇所指出的那样，全球化和金融化确实导致了国家权威在防务、金融、提供福利等三个主要方面的衰落。由此，“总的印象就是国家对于社会和经济的权威领域在缩减；而且/或者原本专属于国家权威的领域现在已由国家和其他来自不同中心和渊源的权威所分享”②。但是，这并不等于得出了“国家无能”的结论。正如迈克尔·曼（Michael Mann）所批评的那样，这种观点的持有者片面夸大全球化与国家衰弱之间的关系，“稍具历史意识，他们就夸大民族国家在过去的强大；稍具全球化意识，他们就夸大民族国

① 王林林、双传学：《新时代中国共产党政治风险防范的逻辑考量与实践路向》，《江西财经大学学报》2021 年第 2 期。

② 苏珊·斯特兰奇：《权力流散：世界经济中的国家与非国家权威》，北京大学出版社 2005 年版，第 71 页。

家在当前的衰弱”①。利奥·潘尼奇更是直接戳穿了这种“国家无能”论的“狼性”本质,“资本朝着国际化方向所走的每一步,并不会自动导致一种跟国家平行的‘超国家’机构的产生……民族国家继续在组织、支持,以及使资本主义的阶级统治合法化方面扮演着核心角色”②。琳达·韦斯也指出,国家无能只是一种新自由主义的政治设计和意识形态幻象。③ 只要现实地评估这种全球化与金融化进程,我们会发现国家并非由此变得无能,恰恰相反,一个有能力的国家是应对金融化所带来危机的强有力的保障。中国应对当前世界金融危机的经验再次具有说服力地证明了,应对全球化及其带来的不确定性关键在于国家能力建构。对国家能力的强调并不等同于对国家权力的强调,迈克尔·曼区分了国家的专制权力和国家的基础性权力两个层面的国家权力,前者指国家精英可以在不必与市民社会各集团进行例行化、制度化讨价还价的前提下自行行动的范围,后者实质上是国家渗透市民社会,在其统治的领域内有效贯彻其政治决策的能力。④ 就中国国家治理能力建构而言,这里所谓的国家能力更接近于迈克尔·曼意义上的国家权力的第二层面。不同的是,中国国家治理能力的建构是强调以政党为中心,通过政党—国家互嵌模式来实现的国家能力建设。

政党中心主义坚持认为,政党不仅具有代表功能,更重要的是具有治理功能,可以实现利益表达和利益聚合,主导政策制定和政策执行;政党在国家治理中居于中心地位,发挥核心作用,整个国家治理体系以政党为中轴而构建,

---

① Michael Mann,“Has Globalization Ended the Rise and Rise of the Nation-State?” in T.V. Paul,John A.Hall(eds.),*International Order and the Future of World Politics*,Cambridge:Cambridge University Press,1999,p.259.

② 利奥·潘尼奇:《全球化与国家》,载俞可平编:《国将不国》,江西人民出版社 2004 年版,第 42 页。

③ 参看琳达·韦斯:《全球化与国家无能的神话》,载王列、杨雪冬编:《全球化与世界》,中央编译出版社 1998 年版,第 88—98 页。

④ 转引自李强:《评论:国家能力与国家权力的悖论》,载张静主编:《国家与社会》,浙江人民出版社 1998 年版,第 18 页。

整个国家治理过程由政党主导而展开。当代政治研究表明，政党是现代政治中最重要的主体，世界上绝大多数国家均由政党主导进行国家治理。①

政党是现代国家的重要组成元素，它作为国家与社会的桥梁而被国家和人民需要。政党制度是一个国家进行政治活动的状态，是实现政治和社会整合的重要机制，它“不仅因国家性质和政治体制不同而存在差异，且同一政治体制下不同国家的政党制度也千差万别”②。在国家能力的理论中，政党制度是不可缺少的研究变量，尤其在以政党为中心的国家或政党支配下的国家。③随着现代化进程的快速推进，政党在现代政治和国家能力上的价值功能日益凸显，不仅成为“治理国家不可缺少的工具”④，甚至成为“准国家机构”。也就是说，政治组织通过形塑国家政权来影响经济社会发展，从而深刻影响国家能力建构。通过考察中国现代化发展进程，可以发现中国现代化发展鲜明揭示了社会现代成长与政党政治有机嵌入的历史逻辑统一、政党政治与“以人民为中心”的现代化理念相互促进的时代走向。⑤

中国改革开放40多年来，在党和国家机构、行政管理体制、司法体制、社会治理体制以及国家安全体制等领域进行了一系列的重大改革，深刻反映了中国国家能力的逐步完善和不断增强。国家能力是衡量一个国家行稳致远的重要因素。有效科学的国家治理，决定了民族的未来和国家的前途。政权更迭的根本原因就是没有形成科学有效的国家能力。“东欧剧变、苏联解体有很多方面的原因，没有形成有效的国家治理体系和国家治理能力是其中一个重要原因。”⑥中国之所以能够矗立于世界之林，成为世界第二大经济体，表明

① 参见郭定平：《政党中心的国家治理：中国的经验》，《政治学研究》2019年第3期。

② 周延胜：《借鉴与超越：世界政党制度的类型与特征》，世界知识出版社2017年版，第1页。

③ 参见赵娟娟：《土耳其政党制度与国家能力的建构》，《阿拉伯世界研究》2021年第4期。

④ 罗杰·希尔斯曼：《美国是如何治理的》，曹大鹏译，商务印书馆1986年版，第327页。

⑤ 参见王韶兴：《现代化进程中的中国社会主义政党政治》，《中国社会科学》2019年第6期。

⑥ 习近平：《论坚持全面深化改革》，中央文献出版社2018年版，第89页。

中国具有了较强的、较科学的国家治理能力，而这样的国家能力是在中国共产党的领导下进行的有效的民主的科学治理。中国共产党是中国国家治理的主要承担者，同样也肩负着中国国家能力的提高。（坚持中国共产党的集中统一领导的）中国国家能力建构的核心密码，一是中国共产党确立了根本政治制度，即人民代表大会制度，为国家能力提高提供了强大的人民基础，保障人民民主是国家能力建设的根基。根基不稳，地动山摇。中国国家能力的日益提高，离不开中国始终坚持和发展这一根本政治制度。二是中国共产党确立了基本政治制度，即中国共产党领导的多党合作和政治协商制度，为国家能力提高提供了统一战线保障，统一战线是国家能力建设的重要保证。思想不统一，国家治理就会乱套。中国共产党领导的多党合作和政治协商制度是中国国家能力构建的鲜明特点。三是中国共产党确立了民族区域自治制度，为国家能力提高提供了深厚的民族基础。民族大团结是国家能力提高的重要前提。只有在国家统一的前提下，国家能力建构才会成为可能。

中国以政党为中心的国家能力建构是在中华人民共和国成立以后逐步建设和完善的。随着社会主义市场经济的不断发展，中国对政党和国家建设之间关系的认识逐渐成熟。1997 年，党的十五大要求把党的领导、发扬人民民主和严格办事统一起来，保证党始终发挥总揽全局、协调各方的领导核心作用；2002 年，党的十六大进一步提出了要把坚持党的领导、人民当家作主和依法治国有机统一起来。2013 年 12 月，中央成立全面深化改革领导小组，“中央成立全面深化改革领导小组，负责改革总体设计、统筹协调、整体推进、督促落实。这是为了更好地发挥党总揽全局、协调各方的领导核心作用”①。2018 年 3 月，中共中央印发了《深化党和国家机构改革方案》，明确提出要构建系统完备、科学规范、运行高效的党和国家机构职能体系，形成总揽全局、协调各方的党的领导体系。经过多年的实践与探索，中国共产党的领导下的根本政

① 《习近平谈治国理政》第一卷，外文出版社 2018 年版，第 86 页。

治制度和基本政治制度不断完善，中国以政党为中心的国家能力建构模式基本成型并不断发展。

中国特色社会主义进入新时代，以政党为中心的国家能力建构进一步发展和完善，中国进入政党全面领导的新时代，“中国共产党领导是中国特色社会主义最本质的特征”“党是领导一切的”。在以政党为中心的国家能力建构中，并不是指政党包办国家和社会的所有事务，这样的结果不仅会削弱政党的领导，而且国家职能的发挥也会受到抑制。政党为中心的国家治理就是要把坚持党的全面领导与推动国家各机关和社会各团体独立履行各自的职能有机统一起来，实现政党—国家的相互嵌入、协同运作。① 中国共产党通过几十年的探索与实践，科学回答了政党中心“怎样治理中国、怎样治理社会主义社会”的根本问题，界定了国家治理体系和治理能力现代化的基本内涵，明确了国家治理体系和治理能力现代化的战略安排和目标任务。中国以政党为中心的国家能力建构打破了美国著名政治学家福山的制度判断，彰显了中国国家治理能力建设的独特优势，正如习近平总书记所指出的，“我们的国家治理体系和治理能力总体上是好的，是有独特优势的，是适应我国国情和发展要求的”②。

（二）在进一步解放思想中全面深化改革

邓小平在《解放思想，实事求是，团结一致向前看》一文中指出：“只有思想解放了，我们才能正确地以马列主义、毛泽东思想为指导，解决过去遗留的问题，解决新出现的一系列问题，正确地改革同生产力迅速发展不相适应的生产关系和上层建筑，根据我国的实际情况，确定实现四个现代化的具体道路、方针、方法和措施。”③邓小平所说的“解放思想”针对的是那些在长期计划经

① 参见郭定平：《政党中心的国家治理：中国的经验》，《政治学研究》2019 年第 3 期。
② 《习近平谈治国理政》第一卷，外文出版社 2018 年版，第 105 页。
③ 《邓小平文选》第二卷，人民出版社 1994 年版，第 141 页。

济和政治革命背景形成的种种教条和思想禁锢。在那时,只有打破这些所谓的“教条”和“禁律”,农村联产承包责任制改革和城市工业改革才能展开。就当前中国国家转型而进行的新一轮改革而言,重提“解放思想”的时代背景和具体国情发生了巨大的变化,因此,“解放思想”的对象也就完全不同了。目前,并不是要从计划经济思维范式和传统社会主义价值理念那里解放出来,而是要从那些在过去改革开放40多年来逐渐形成的意识形态和思维定式中解放出来。具体来说,就是要进一步从经济发展主义意识形态和市场化意识形态当中解放出来,进一步重新审视渐进式改革方式和外向型发展范式。

1. 坚持创新、协调、绿色、开放、共享的新发展理念

自党的十一届三中全会把国家任务转移到以经济建设为中心以来,“出于对国家尽早摆脱贫困的迫切期待和对国际政治经济激烈竞争的焦虑,我们普遍接受了‘发展就是硬道理’的观念,并把向社会主义市场经济的改革作为实现发展的重要手段”①,经济发展主义在“发展是硬道理”“效率优先、兼顾公平”等彼时解决主要矛盾的需求下,逐渐成为主导过去发展的一种理念。正如前面指出的,这种经济发展主义意识形态在中国快速的经济发展上发挥了积极的效应,但随着其积极性的不断释放,它对社会发展和社会公平等问题的忽视等局限性也逐渐凸显出来。

发展理念是发展行动的先导。要消除转变经济增长方式和强化社会建设的种种阻力,首先要在超越经济发展主义意识形态这个问题上达成一种共识,在思想上从经济发展主义意识形态当中解放出来。发展改革和实践离不开发展理念的引领,一个科学健康有效的发展理念可以从根本上决定着发展成效甚至成败。改革开放40多年的实践告诉我们,发展实质上是一个不断变化的过程,发展环境、发展条件、发展理念并不会一成不变,过去的经济发展主义也不会适应于一切时代,超越经济发展主义是当今时代经济发展的主要任务。

① 徐俊忠:《关于解放思想的几个问题》,《现代哲学》2008年第4期。

从中国改革开放的发展历程来看，从最开始的真理标准问题大讨论到党的十一届三中全会确立以经济建设为中心，从改革计划经济体制到实行社会主义市场经济体制，从加入世界贸易组织到成为世界第二大经济体，中国经济的每一次发展改革与跨越无不是思想解放的结果。“一个新理念的确立，总是同旧理念的破除相伴随的，正所谓不破不立。”①过去不合时宜的经济发展主义，需要积极扬弃，不破不立。新的实践带来新的突破，新的发展理念引领新的发展实践。比如，当前经济发展现状并不能以国内生产总值来衡量一切，衡量经济发展好坏，并不是速度决定形势，而要看经济发展的质量和效益，只有把经济发展的质量和效益搞上去了，经济发展势头才是可喜的。因此，党的十九大提出，中国经济发展已由高速增长阶段转向了高质量发展阶段。

中国特色社会主义进入新时代，面对新的发展环境和发展条件，势必要进一步解放思想，更新发展观念，对传统的发展思路和发展方式进行根本转变，树立和践行新的发展理念。2015 年 10 月，习近平总书记在党的十八届五中全会第二次会议上，旗帜鲜明提出了创新、协调、绿色、开放、共享的发展理念。党的十九大报告再次强调，要贯彻新发展理念，建设现代化经济体系。超越经济发展主义的新发展理念符合当前中国国情，顺应时代发展要求，是对中国“十四五”乃至更长时期的发展思路、发展方向和发展着力点。新发展理念内涵创新发展、协调发展、绿色发展、开放发展和共享发展五个方面，相互之间联系紧密、有机统一，是管全局、管根本、管方向、管长远的系统的理论体系。其中，创新发展解决发展动力问题，提升中国创新能力和科技发展水平；协调发展解决发展不平衡问题，弥补中国社会经济发展的短板，均衡城乡、区域、社会与经济、物质文明和精神文明等发展关系，应对“木桶”效应；绿色发展解决人与自然和谐问题，治理生态环境污染和资源约束趋紧，推进生态文明建设，营造天蓝、地绿、水清的生态环境，人与自然和谐共生；开放发展解决发展内外联

① 《习近平谈治国理政》第二卷，外文出版社 2017 年版，第 221 页。

动问题，提高对外开放质量和水平，有效应对贸易摩擦，提升国际经济话语权；共享发展解决社会公平正义问题，既要做大中国经济发展的“蛋糕”，又要分好“蛋糕”，实现社会分配和公共服务的公平正义。总的来说，超越经济发展主义的新发展理念是中国经济发展进入新常态的治本之策，反映了中国共产党在进一步解放思想中，对经济社会发展规律的认识深化。

2. 对资本管控的市场化改革

中国的市场化在某种程度上可以说是由林毅夫等经济学家所倡导的新制度经济学的影响下展开的。在20世纪80年代初期，“提倡新制度经济学可以说是‘进步’的，因为它要求搞活一个僵化了的计划经济，改革、削弱一个权威过度渗透的国家机器（‘体制’），甚或建立民主自由，而它的客观背景是一个相对平等的社会。但是，进入九十年代，中国社会经历了极其激烈的变化”①。更需注意的是，在市场化短期积极效应的强化下，“市场已经不仅被神化，而且被极端意识形态化”②。它无视客观存在的市场失灵问题，反而把许多问题归咎于市场化改革没有到位所致。于是，它不仅在纯粹的经济领域大力推行市场化，而且在“产业化”的口号下，致力于社会、文化、教育、医疗卫生等领域的市场化。简言之，市场并不是万能的，市场配置与调控资源是辩证结合的整体。单纯将市场作用绝对化、片面化，实质上是一种教条主义的方式。

中国市场化进程已经历40多年的历史，市场经济已经逐步成型，在国际舞台上发挥着越来越重要的角色。当前，人民群众的物质生活发生了天翻地覆的改变，小康社会全面建成，表明市场化改革在中国经济发展上发挥了不可估量的作用。自中国加入世界贸易组织以来，市场化在中国经济发展的作用越加突出，可以看到的是，市场化推动中国东部沿海地区的发展，并且大大推动了国内企业大胆走出国门，涌现了大量的跨国公司和企业。

---

① 黄宗智：《经验与理论：中国社会、经济与法律的实践历史研究》，中国人民大学出版社2007年版，第525页。

② 徐俊忠：《关于解放思想的几个问题》，《现代哲学》2008年第4期。

但是，随着市场经济的日益发展，同样也存在着诸多风险，如何进行有效监督，尤其是如何进行对资本的管控是中国共产党面临的新挑战。因此，中国通过解放思想，进行全面深化改革，尤其深化对资本管控的市场化改革。党的十九届五中全会审议通过了《中共中央关于制定国民经济和社会发展第十四个五年规划和二〇三五年远景目标的建议》，强调了市场化改革再出发，要充分发挥市场在资源配置中的决定性作用和更好发挥政府作用，正确处理好政府与市场的关系，构建高水平社会主义市场经济体制。“十四五”时期市场化改革主要围绕在产权制度改革和要素市场化配置改革。从 2020 年以来，中共中央出台了一系列关于市场化改革的重要举措，如《中共中央　国务院关于构建更加完善的要素市场化配置体制机制的意见》《中共中央　国务院关于新时代加快完善社会主义市场经济体制的意见》。2021 年的中央经济工作会议指出，深化市场化改革，要为资本设置“红绿灯”，依法加强对资本的有效监管，防止资本野蛮生长。对资本的监管既不缺位也不越位，支持和引导资本规范健康发展，坚持和完善社会主义基本经济制度，毫不动摇巩固和发展公有制经济，毫不动摇鼓励、支持、引导非公有制经济发展。比如，证监会与相关部门共同建立健全有效控制资本消极作用的制度机制，形成行业监管与证券监管的强大合力；央行等七部门发布金融产品网络营销管理办法，落实党中央关于反垄断和防止资本无序扩张决策部署。通过探索建立健全统一有效的监管体制机制，全面深化市场化改革，加强对资本的有效管控，真正实现市场的无形之手和政府的有形之手之间的良性互动。“政府要加快转变职能，做好自己应该做的事，创造更好市场竞争环境，培育市场化的创新机制，在保护产权、维护公平、改善金融支持、强化激励机制、集聚优秀人才等方面积极作为。对看准的、确需支持的，政府可以采取一些合理的、差别化的激励政策，真正把市场机制公平竞争、优胜劣汰的作用发挥出来。”①

---

① 《习近平关于社会主义经济建设论述摘编》，中央文献出版社 2017 年版，第 83 页。

3. 正确处理好顶层设计和摸着石头过河的关系

顶层设计和摸着石头过河的关系，是在进一步解放思想中全面深化改革需要把握的重大关系之一。习近平总书记指出："在推进改革中，要坚持正确的思想方法，坚持辩证法，处理好解放思想和实事求是的关系、整体推进和重点突破的关系、全局和局部的关系、顶层设计和摸着石头过河的关系、胆子要大和步子要稳的关系、改革发展稳定的关系，着力提高操作能力和执行力，确保中央决策部署及时准确落实到位。"①中国改革开放40多年的实践探索，无不在摸着石头过河的道路上摸索，从具体实践到理论升华，从微观探索到宏观政策，以点带面，从局部到全局，深刻遵循着马克思主义的认识论和实践论的规律，即"实践、认识、再实践、再认识"。摸着石头过河不是遵循旧规，而是要冲破思想藩篱，解放思想，一切从实际出发，勇于探索，敢于试错，在不断的试错中找寻规律，为顶层设计提供证据，从而实现全面深化改革。

坚持摸着石头过河是全面深化改革的基础和关键。一切从实际出发，深刻把握事物之间的联系和规律，大胆尝试，勇敢面对曲折失败。历史以来，改革开放并没有先例可借鉴，更没有以往的经验和规律可循。在这样的情况下，中国改革开放只有摸着石头过河，走一步看一步，一点点摸索，一点点积累，发现问题及时修正，发现错误及时改正，重要经验及时标注，在不断的试错和成功中探索前进。本质上，摸着石头过河遵循着马克思主义唯物史观，是马克思主义方法论的重要内容。邓小平也曾经说过，实践才是检验真理的唯一标准。没有不断的实践过程，哪来的认识积累。中国共产党一直强调，全面深化改革永远在路上，这正是对中国共产党摸着石头过河方法论的生动表达。总的来说，在进一步解放思想中推进全面深化改革，离不开摸着石头过河的耐心和决心。因此，摸着石头过河是中国超越发展型国家的重要特色，是中国推进全面深化改革和现代化进程的重要遵循。如果不是坚持摸着石头过

① 《习近平关于全面深化改革论述摘编》，中央文献出版社2014年版，第47页。

河，中国就不可能摆脱传统计划经济体制的束缚，就不可能建立社会主义市场经济体制，就不可能形成中国特色社会主义道路。①“摸着石头过河，是富有中国特色、符合中国国情的改革方法。摸着石头过河就是摸规律，从实践中获得真知。”②

坚持顶层设计是全面深化改革的必然。摸着石头过河的目的就是总结经验，把握规律，为整体实践找寻重要突破，形成以点带面，部分带整体的效应。从而在不断的实践中，获得认识和真知，形成一般理论，最终进行顶层设计。顶层设计是从最高层次的高度寻求问题的解决之道，是一种宏观层面的思考。正是由于顶层设计是从宏观上考虑问题，就会对全局有更全面的了解和把握，国家能力的建构离不开一个整体性的、全局性的规范，这时候只有顶层设计才能担当重任。当然，这不是否认下层在国家能力建设中对顶层设计所作出的贡献，正是有基层工作的总结经验，才有顶层设计的整体性和科学性。与摸着石头过河不同，在国家治理上，顶层设计更注重于理论和意识形态层面，强调理论的创新。中国正是对马克思主义的创新性发展，才有今天的社会主义市场经济体制，才有成为世界第二大经济体的中国。这种解放思想和勇于创新的顶层设计，把中国的改革不断推向前进。

摸着石头过河和顶层设计是辩证统一的。实践证明，坚持摸着石头过河和顶层设计相结合，是一切成功社会实践的经验总结和基本规律。在全面深化改革的中国，从局部试验点到全局谋划，需要摸着石头过河的经验推广至全国的顶层设计。我们不能在强调摸着石头过河的过程中，忘了顶层设计的决定性和全面性，也不能在强调顶层设计的过程中，忘了摸着石头过河的基础性和关键性。只有坚持摸着石头过河和顶层设计相结合，中国的全面深化改革才能有时间表和路线图，才能把全面改革引向深入。正如习近平总书记所指

① 参见齐卫平：《处理好顶层设计和摸着石头过河的关系》，《人民日报》2013年9月16日。

② 《习近平谈治国理政》第一卷，外文出版社2018年版，第67—68页。

出的那样:“摸着石头过河和加强顶层设计是辩证统一的,推进局部的阶段性改革开放要在加强顶层设计的前提下进行,加强顶层设计要在推进局部的阶段性改革开放的基础上来谋划。要加强宏观思考和顶层设计,更要注重改革的系统性、整体性、协同性,同时也要继续鼓励大胆试验、大胆突破,不断把改革开放引向深入。”①

4. 构建以国内大循环为主体、国内国际双循环相互促进的新发展格局

与改革开放初期强调从片面强调“自力更生”的思维当中解放出来不同,当前,或许更重要的是要从片面强调外向型的发展范式当中解放出来。改革开放以来,中国实施“以市场换技术”的外资引进战略,对于中国经济增长、促进人力资本开发和利用,增加国际收支盈余等宏观经济目标方面发挥了重要作用。但对于外资引进的技术外溢效应而言,实证分析找不到显著的支持证据,特别是在资本输出国家控制资助 R&D② 的情况下更是这样。张海洋的研究表明,R&D 与外资活动对内资工业部门具有显著的技术推动力作用,但主要是通过 R&D 创新能力和外资竞争效应,而不能归因于外资引进的技术扩散,因为内资部门较低的 R&D 吸收能力以及外资活动产生的负面竞争效应抑制了内资部门技术效应的增长。③ 21 世纪以来,新一轮的技术革命和产业变革加速推进,世界贸易和产业分工格局发生重大调整,国际力量对比呈现趋势性变迁。尤其是 2008 年全球经济危机爆发后,全球经济低迷萎缩,世界经济流动性明显减弱,或者说大循环动能弱化。加之,英国脱欧,美国“退群”等西方主要资本主义国家贸易保护主义抬头、民粹主义盛行,逆全球化趋势明显。当前新冠疫情对全球产业链和供应链打击巨大,全球经济持续低迷。中国面对这样的国际挑战,势必要解放思想、顺势而为,积极主动调整经济发展路径,

---

① 《习近平谈治国理政》第一卷,外文出版社 2018 年版,第 68 页。

② 指研究与开发,是英文 Research & Development 的缩写。

③ 参见张海洋:《R&D 的两面性、外资活动与中国工业生产率增长》,《经济研究》2005 年第 5 期。

全力打通国际经济大循环，保持中国国内经济健康、可持续发展。

面对世界百年未有之大变局，国内经济发展改革也要主动求变。中国经济进入新常态，必然会遇到大大小小的新机遇新挑战，以前未曾有过的问题，现在有可能出现，而面对更多的是中长期的问题，这样就需要从战略思维去认识和应对。我们知道，经济发展是呈现螺旋式上升的过程，每一个阶段需要应对和处理不同的问题。随着时代变迁和经济发展，国内国际需求结构、产业结构、技术体系都会随着发展方式的改变而深刻变化。改革开放前，中国处于计划经济时代，主要产品都是统产统销，实行计划经济，经济发展主要是以国内大循环为主。改革开放一段时间内，中国提倡经济发展主义，强调以经济发展为中心，充分利用世界分工，融入世界市场，积极参与国际经济大循环，一定程度上推动了经济高速增长，人民生活水平得到大幅度提升。党的十八大提出，中国特色社会主义进入新时代。中国人均国内生产总值突破一万美元，需求结构和供给结构发生脱节，生产体系循环不畅，人民对美好生活的向往更加全面，社会主要矛盾发生根本性变化。为解决这些问题，中国经济发展从高速增长阶段转向了高质量发展阶段，依靠创新驱动，全面深化供给侧结构性改革。根据中国需求与供给的大体量，以及应对外部风险挑战，中国共产党提出构建以国内大循环为主体、国内国际双循环相互促进的新发展格局。

从国际形势和国内经济发展来看，中国必须进一步解放思想，进行全面深化改革，适应发展环境，利用发展条件，构建新发展格局。构建新发展格局是发展问题，但本质上是改革问题。中国提出构建以国内大循环为主体、国内国际双循环相互促进的新发展格局，是对国情的认识，也是对国际形势的研判，是新时代中国国家治理现代化的重要体现。中国一直倡导人类命运共同体，遇到严峻的经济形势，提出构建新发展格局，是对国内经济的负责，也是对世界经济的贡献。“我们不追求一枝独秀，不搞你输我赢，也不会关起门来封闭运行，将逐步形成以国内大循环为主体、国内国际双循环相互促进的新发展格局，为中国经济发展开辟空间，为世界经济复苏和增长增添动力。”①

（三）以人民为中心重塑国家、市场和社会关系

新时代中国国家治理不仅要以政党为中心构建国家能力，在进一步解放思想中全面深化改革，还要以人民为中心重塑国家、市场和社会的关系。国家、市场与社会的关系处理在国家治理现代化中也是非常重要的一环，一旦处理不好，国家治理就会乱套，国家事业发展很可能就会停滞不前，甚至倒退。什么样的治理理念就决定了国家治理的成效。治理理念的选择决定了国家治理与国家发展的方向。“一个国家选择什么样的治理体系，是由这个国家的历史传承、文化传统、经济社会发展水平决定的，是由这个国家的人民决定的。”②中国始终坚持马克思主义关于国家问题的探讨，在改革开放 40 多年的生动实践中形成了独具本地特色的国家治理之道，突破了西方局限于公共领域的国家治理模式。

首先，以人民为中心是中国国家治理的内在逻辑和运行机制，是中国共产党治国理政的基本理念和价值旨归。从党的十八届三中全会到十九大再到十九届四中全会，从提出“国家治理”概念，强调治理的切入点应是人民的根本利益，到直接提出以人民为中心的治理理念，再到总结国家治理的基本原则就是“密切联系群众，依靠人民推动国家发展”③，一步步深化，从理念到实践原则，可以看出党和国家以人民为中心治理的决心。中国国家治理的历史实践中，无不坚持以人民为中心的治理理念，重塑了国家与市场、国家与社会的关系，逐步形成了一条群众路线的话语体系和治理逻辑。④ 可以看出，国家治理

---

① 《习近平在联合国成立 75 周年系列高级别会议上的讲话》，人民出版社 2020 年版，第 12 页。

② 《习近平谈治国理政》第一卷，外文出版社 2018 年版，第 105 页。

③ 《中共中央关于坚持和完善中国特色社会主义制度、推进国家治理体系和治理能力现代化若干重大问题的决定》（辅导读本），人民出版社 2019 年版，第 3 页。

④ 徐亚清、于水：《论新时代国家治理的话语缘起与演进逻辑》，《科学社会主义》2020 年第 4 期。

的内在逻辑与党的群众路线内在契合，国家治理继承了党的话语传统。实质上，中国共产党的百年奋斗史就是把以人民为中心的治理理念付诸国家治理实践的历史。如何才能更好地完善中国的各项制度？如何才能更好地解决问题、发现问题？只有深入到人民群众的实践中，才能发掘与解决问题。“健全为人民执政、靠人民执政的各项制度”①，只有这样，中国国家治理才能做到有的放矢，不然就会成为无本之木。因此，新时代中国国家治理需要进一步优化以人民为中心的制度安排，重塑国家、市场与社会的关系，逐渐形成“政府—市场—社会”三者良性互动的治理模式，促进国家治理体系和治理能力现代化的实现。

其次，以人民为中心重塑国家与市场的关系。近年来，西方资本主义国家接连面临金融危机、债务危机和福利危机等，经济遭受创伤、发展缓慢，治理弊端日益凸显，以新自由主义“华盛顿共识”为治理理念的一部分东欧转型国家和部分发展中国家的经济发展并没有达到理想状态，一度落入“塔西佗陷阱”和“中等收入陷阱”。相比之后，中国的国家治理却在危机中彰显制度优势和治理效能，在保证社会秩序的稳定与经济的平稳增长的前提下平稳度过了金融危机。据数据显示，在“十三五”期间，我国积极扩大内需，着力扩大居民消费和有效投资，市场潜能不断释放，2019 年社会消费品零售总额首次突破 40 万亿元，比 2015 年增长 42. 4%。居民消费升级态势明显，2019 年城镇居民和农村居民恩格尔系数分别为 27. 6%和 30. 0%，比 2015 年分别下降 2. 1 和 3. 0 个百分点；国内旅游人数达到 60. 1 亿人次，比 2015 年增长 50. 2%。2016—2019 年高技术产业投资、农业投资、社会领域投资年均分别增长 16. 0%、15. 2%、15. 4%。② 中国之所以能够在金融动荡中保持自身经济增长，在于政府在对经济建设进行不断的适应性调整，实现了“从革命型政府、政治动员型

① 《中共中央关于坚持和完善中国特色社会主义制度、推进国家治理体系和治理能力现代化若干重大问题的决定》(辅导读本)，人民出版社 2019 年版，第 8 页。

② 参见宁吉喆:《以经济发展新成效确保开好局起好步》,《人民日报》2021 年 1 月 4 日。

政府向经济建设型政府、公共服务型政府的角色定位转变,政府对待市场的态度从'敌视'、'排斥'转向'友好'、'亲和'"①。改革开放以来,中国经济改革的目标不断向市场化调节,重在实现国家与市场的良性互动,比如从"有计划的商品经济"向"国家调节市场,市场调节企业"的适应性调整,逐渐形成具有中国特色的社会主义市场经济体制。在发展经济中不断满足人民群众的需要,正确处理政府与市场关系的价值旨归。党的十八大以来,国家为了提高企业的创新能力出台了各项对口政策促进企业的创新发展,同时也为企业人才引进提供多种政策支持,强化企业的主体创新地位,使企业在技术、管理与运营三方面都能实现创新突破,在国家的帮助下,一些企业已经在国际上形成了较强的国际竞争力。党的十八届三中全会强调在资源配置过程中要把市场置于"决定性"地位,追求高质量发展,这也意味着政府需要进一步转化职能,进而与市场形成更加紧密的良性互动。不仅如此,对于如何形成紧密的良性互动,国家提倡"有为政府"与"有效市场"相结合,所谓"有为政府"就是利用政策和法治正确引导和规范市场行为,一改之前行政命令式的管理方式,改革抑制市场活力的教条式规则,充分给予市场自主性,激发市场活力。"有效市场"即发挥企业主动性,企业能对市场信息作出及时正确的反应,打破行业垄断,努力营造竞争公平有序的市场。只有将"有效市场"与"有为政府"相结合,最大程度发挥政府与市场的职能效度,才能为促进社会秩序稳定、经济平稳发展打下坚实的基础。

再次,以人民为中心重塑国家与社会的关系。党的十九届四中全会提出:"社会治理是国家治理的重要方面。"②国家治理无法脱离社会的支持,唯有在社会层面上,国家治理才能保证治理逻辑的现实性,并在社会实践层面不断推

① 张慧君:《经济转型与国家治理模式演进——基于中国经验的研究》,《经济体制改革》2009 年第 2 期。

② 《中共中央关于坚持和完善中国特色社会主义制度、推进国家治理体系和治理能力现代化若干重大问题的决定》(辅导读本),人民出版社 2019 年版,第 30 页。

进治理逻辑的完善与成熟。习近平总书记指出，“制度更加成熟更加定型是一个动态过程，治理能力现代化也是一个动态过程，不可能一蹴而就，也不可能一劳永逸”①。在改革的进程中，各行业、各领域会日益分化，社会成员本身和社会群体的特质与诉求也会随之变化，这样新时代国家治理的社会现实就会呈现多样性和差异性的特征。因此，以人民为中心的工作方式方法融入到社会治理中，形成基层社会治理共同体，在不同社会现实和场景中变革治理方式以丰富完善国家治理的内在逻辑。以人民为中心的服务型政府的不断推进，需要正确处理好与社会的关系，实现“从全能政府到有限政府、从管制政府到服务政府、从权利政府到责任政府的转变，形成政府与社会协同治理的体制”②“实现政府治理和社会调节、居民自治良性互动，夯实基层社会治理基础”，更要“建设人人有责、人人尽责、人人享有的社会治理共同体，确保人民安居乐业、社会安定有序，建设更高水平的平安中国”③。这些便民措施的探索实现了国家治理与社会治理相结合，使人们生活得更有幸福感。

最后，以人民为中心加强国家、社会与市场三者协调统一合作关系。党的十八届三中全会强调了国家治理的协同性，治理需要的是协同治理，意味着国家战略布局与社会成员的广泛参与相协同，以适应社会发展改革的多样性和保证国家治理的整体性。国家要想治理好，不仅需要处理好国家与市场、国家与社会的关系，更要处理好三者的协调统一合作关系。第一，国家、市场与社会要各归其位，分别承担职责之内的领域，各司其职，保障常规领域的正常运转。我国的现实国情决定了国家在治理中的主导地位，但应充分尊重社会力量与市场力量的发展，正确引导社会与市场的进步，根据具体形势不断调整自身的角色定位，积极扶持社会与市场。第二，国家、市场、社会三者在结构功能

---

① 《习近平谈治国理政》第三卷，外文出版社 2020 年版，第 127 页。

② 景维民、赵爽：《以人民为中心构建中国特色社会主义国家治理模式》，《南开经济研究》2021 年第 1 期。

③ 《中共中央关于坚持和完善中国特色社会主义制度、推进国家治理体系和治理能力现代化若干重大问题的决定》（辅导读本），人民出版社 2019 年版，第 31、30 页。

性互有不同,存在一定的互补性,例如有些国家不适合做,市场不愿意涉及的领域社会可以承担起相应的责任,在治理过程中发挥重要的作用,提供公共服务与公共职能,促进各方利益诉求的实现。

三、全面超越发展型国家

诚然,中国在转型的过程中仍面对着种种挑战,特别是受国际金融危机的持续影响,它面临着更为严峻的考验,要克服这些挑战不但需要智慧的灵光、思想的解放,而且需要国家制度的创新和改革。随着传统发展型国家的弊端日益显现,依照当前独特的制度模式和发展轨迹,新时代的中国要全面超越发展型国家,必然要采取超越福特主义的经济增长方式、推进共同富裕的社会发展方式并坚持高举新时代中国特色社会主义旗帜为国家推进方向。第一,就新时代国家的经济增长方式而言,中国要克服粗放型积累策略和福特主义的局限性,从而致力于建构一种更具灵活性的积累策略。第二,就新时代中国的社会发展方式而言,随着社会保障体系不断完善,以及国家对社会公共事业投入的不断增强,中国通过高质量发展满足人民日益增长的对美好生活的需要,通过扩大中等收入群体实现全体人民的共同富裕,通过缩小区域、城乡差距实现全域性共同富裕,扎实推进共同富裕进程,致力于实现全方位的共同富裕。第三,高举新时代中国特色社会主义旗帜,坚持社会主义本质,走具有中国特色的社会主义发展道路是全面超越发展型国家的关键抉择。

(一)新时代的经济增长方式:超越福特主义

按照调节学派的观点,福特主义关键性的基础是从一种粗放型的资本积累战略,向一种以泰勒制劳动组织和大规模生产消费性商品为特征的密集型资本积累战略的过渡。西方激进学者普遍认为,作为统一整体的福特主义包括以下几个方面:第一,以生产机械化、自动化和标准化形成的流水线作业及其相应的工作组织,通过大规模生产极大地提高了标准化产品的劳动生产率。第二,劳资之间通过集体谈判所形成的工资增长与生产率联系机制诱发了大规模消费,促进了大规模生产的进一步发展。第三,资本家之间的垄断竞争格局使生产建立在对未来计划的基础之上。第四,凯恩斯主义国家干预政策与福利国家制度,不断熨平经济周期和维持有效需求,调节着大规模生产与大规模消费的良性循环。第五,美国支配下的布雷顿森林体系和关贸总协定,为发达资本主义国家的积累过程的顺利进行创造了一个稳定的国际环境。然而,随着布雷德森林体系的崩溃、资本全球化的进一步深化,福特主义经济日益面临着滞胀的局面。在这种情况下,调节学派的学者展开了对意大利、法国、德国等欧洲国家的某些地区和日本的研究,发现了它们企业与美国企业边际利润下降的差异性,从而得出这样的结论,即福特主义正处在向后福特主义的演变过程之中,并描述了后福特主义已经呈现的部分主要特征。后福特主义大致包括以下三个重要特征:(1)作为一种经济增长方式,它强调熊彼特式的创新和技术,强调以信息化和网络化为标志的知识经济在转变经济增长方式的作用。(2)作为一种独特的劳动过程,它强调多技能熟练工人与不熟练工人之间的弹性结合。(3)作为一种调节方式,它强调从国家主义调节方式向扩散化、非中心化和更具有弹性化的调节方式的转变,强调国家放松管制,削减福利预算和财政赤字,让市场充分发挥调节作用。

新时代的中国在国家转型过程中积极吸取有效经验,结合中国国情选择合适的发展模式,逐渐形成了超越福特主义的高质量经济增长方式。党的十九大报告已经作出重要判断,我国已经实现了经济发展由高速增长阶段转为高质量发展阶段。高质量发展主题将贯穿“十四五”期间甚至更久,高质量发展已经成为我们思考新时代经济社会发展问题的基本范式。

首先,走高质量发展之路,就是要坚持以人民为中心的发展宗旨,坚持创新、协调、绿色、开放、共享的新发展理念。社会主要矛盾的转变意味着人们从原来追求基本生活需求的满足转变为追求生活质量的提高。人们生活质量的提高也就意味着需要更好的环境、更健康的食物、更便利的生活、更民主的社会，这就要求国家必然要实现高质量发展。高质量发展是以解决社会的主要矛盾，满足人民对美好生活的需要而提出，涉及政治、经济、社会、文化、环境等与人民生活质量息息相关的各个方面。新发展理念的提出就为解决社会的主要矛盾，促进高质量发展提供了方向指引。第一，依靠创新促进实体经济的高质量发展，加大创新人才引进力度，将科技创新成果转化为经济效能，努力克服各领域、各部门、各方面科技创新活动中存在的分散、封闭、交叉重复等碎片化现象。第二，贯彻落实协调发展理念，平衡东中西部发展节奏，进一步缩小城乡差距，统筹兼顾政治、经济、文化、社会、环境共同发展。第三，高质量发展之路就是经济与生态协调发展之路，转变我国传统的粗放式经济发展方式，推动低碳循环发展，走持续发展之路，加快生态文明建设，为走好绿色协调发展之路提供思想支撑。第四，进一步深化改革开放，不断随着世情国情的变化更新开放理念，丰富对外开放的内涵，提高对外开放水平，协同推进战略互信、经贸合作、人文交流，努力形成深度融合的互利合作格局。第五，让人民共享改革发展的成果，促进公平正义，才能推动共同富裕目标的实现。

其次，走高质量发展之路，就是要坚持生态优先，经济发展与生态保护齐头并进。中国在走发展型国家道路之时，经济确实得到了非常快的发展，经济总量飞速增大，然而也遗留下来一些发展型国家共同的“后遗症”，即对环境造成了较为严重的破坏，对资源也造成了一定的浪费，经济快速发展的同时也付出了沉重的资源和环境的代价。在如今后工业化时代，诸多发展中国家尤其是中国已经努力解决资源环境问题并取得了一定的进展。《第二次全国污染源普查公报》显示，与第一次全国污染源普查数据同口径相比，2017 年二氧化硫、化学需氧量、氮氧化物等污染物排放量比 2007 年分别下降了 72%、46% 和 34%。污染治理能力明显提升，工业企业废水处理、脱硫、除尘等设施数量分别是 2007 年的 2.4 倍、3.3 倍和 5 倍。城市基础设施建设成效显著，污染治理能力大幅提升，如城镇污水处理厂的数量增加了 5.4 倍，处理能力增加 1.7

倍,实际污水处理量增加了2.1倍,城镇生活污水化学需氧量去除率由2007年的28%提高到了2017年的67%①。2021年中国的森林覆盖率提高到23.04%②,中国建成区绿化覆盖率在2018年达到了41.11%,相比2002年增加了11.36%。③ 高质量的发展之路不应是以牺牲环境资源代价为前提,而应在经济发展的同时保护环境、节约资源,抑或是将污染废弃物利用科技手段回收转化为可利用的资源,实现可持续发展。

最后,各地区要因地制宜,依据实际情况走适合本地实际的高质量发展之路。就中国独特的国情而言,后福特主义对劳动过程的独特主张也是值得注意的。人口众多,劳动力丰富,劳动力熟练程度参差不齐,是中国面临的最基本的国情。技术创新和管理创新固然可以提高劳动生产率,是提高经济竞争力的根本。然而,技术进步所带来的"去密集化"实质上就意味着导致大量不熟练劳动者的失业。在这种情况下,强调多技能熟练工人与不熟练工人之间的弹性结合是十分必要的。就中国当今的现实而言,就是要处理好劳动密集型、资本密集型和知识密集型产业的关系。在这个问题上,中国有巨大的纵深空间,比如,中国地区间的非均衡态势则有利于为这种结构调整提供支持,在东部从劳动密集型产业向资本密集型和知识密集型产业升级的同时,西部可以展开从小农经济到劳动密集型的转型。实质上,目前中国国家正是这样做的,不同地区的自然环境、地缘特色造就了不同的经济发展之路,利用本地之优势创产增收既能促进本地经济发展,同时也为国家的发展贡献蓬勃力量。

(二)新时代的社会发展方式:推进共同富裕

任何发展范式都需要有与之相适应的制度基础作为支撑。一个国家发展

---

① 《第二次全国污染源普查显示我国主要污染物排放量大幅下降》,2020年6月16日,见https://www.mee.gov.cn/home/ztbd/rdzl/wrypc/pcyw/202006/t20200616_784737.html。

② 国家林业和草原局、国家发展和改革委员会:《"十四五"林业草原保护发展规划纲要》,2021年7月。

③ 中华人民共和国住房和城乡建设部编:《中国城市建设统计年鉴—2018》,中国统计出版社2018年版。

范式的转型不只是增长范式的转型，而且更为重要的是相应制度基础的转型。一种新的增长范式得以维持至少要具备一种与之相适应的社会分配与社会保障范式，它既是保证社会稳定和保证再生产的前提，又是彰显发展目的和社会正义的重要方面。“国之称富者，在乎丰民”，党的十八大以来，党和国家越来越重视共同富裕目标的实现，在当前社会，贫富差距大是威胁社会稳定秩序的重要因素，只有缩小地区和城乡贫富差距，不断扩大中等收入群体，抓紧建设“橄榄型”社会，巩固脱贫成果，努力实现发展成果由人民共享、居民收入增长和经济发展同步、劳动报酬增长和劳动生产率同步，进而实现共同富裕的目标。

习近平总书记强调要扎实推进共同富裕，这里的共同富裕既不是平均主义也不是同步同时富裕，这里的共同富裕是在解决了绝对贫困的基础上致力于解决相对贫困问题，通过政府与社会的共同配合，缩小人们之间的收入差距，不仅要分“蛋糕”，更加要分好“蛋糕”。

推进共同富裕是具有中国特色的社会发展方式，与资本主义国家的福利制度有着根本区别，要谨防陷入资本主义“福利主义”陷阱。根据艾斯平·安德森的划分，福利资本主义具有三种独特的制度：第一种是具有浓厚自由主义色彩的盎格鲁—撒克逊模式，它具有浓厚的自由主义色彩，更多依赖私人市场来解决工人的福利问题，失业人员无法享受福利。第二种是具有强烈合作主义色彩的欧洲大陆传统模式，它反对市场化的自由主义观点，主张赋予公民社会权利。其权利依阶级归属和社会地位而定。这种合作主义被纳入情愿完全取代市场而成为福利提供者的国家体系当中，因此私人保险和职业性额外给付只能充当配角。同时，这种模式也重视保护传统的家庭关系。它的“辅助性”原则足以强调，只是当家庭满足其成员需要的能力耗尽时，国家才会进行干预。然而，离婚率的不断上升使家庭更加不稳定，所以传统保险模式在应对新风险方面存在着根本性弱点。第三种是具有浓厚社会民主主义色彩的斯堪的纳维亚制度，它强调普救主义原则和非商品化的社会权利，其最突出的特点是福利和劳动二者的融合，既承诺保证充分就业，又要完全依赖充分就业所取得的成就。这种模式无疑要面对市场激励和国家财政负担的压力。① 这三种福利制度根本目的是通过增进国民福利来调整财富关系，遮盖阶级矛盾。然而事实证明，这种作为化解资本主义国家统治危机的福利并没有也不可能真正实现全民富裕，它没有改变资本主义制度的基本矛盾，反而致使其社会政治经济多重危机不断爆发。而中国所追求的共同富裕与资本主义的福利制度具有本质不同，这是由社会主义的本质所决定的。社会主义的共同富裕是建立在没有压迫、剥削的社会主义公有制的基础之上，正如习近平总书记所言："共同富裕是社会主义的本质要求，是中国式现代化的重要特征。我们说的共同富裕是全体人民共同富裕，是人民群众物质生活和精神生活都富裕，不是少数人的富裕，也不是整齐划一的平均主义。"②

如前所述，改革开放以来，中国市场经济取得了巨大的成就，但同时经济与社会发展也存在不和谐状态。如何在保持经济活力和社会权利之间，在加深改革和保持社会稳定之间，在促进市场竞争和照顾弱势群体的利益之间，寻求经济发展与社会发展之间的均衡是实现共同富裕需要解决的问题。究其根本，就是推动共同富裕需要处理好市场经济与共同富裕的关系、所有制结构与共同富裕的关系和分配制度与共同富裕的关系。

首先，要正确处理市场经济与共同富裕的关系。党的十八届三中全会指出，要让市场在资源配置中起决定作用，同时要发挥好政府的作用。市场为增加人民财富、提高国民经济总量作出重要贡献，但同时我们也必须要看到，市场存在自发性、盲目性、滞后性的缺陷。如果社会资源仅仅由市场配置，就会出现资源浪费、效率低下、经济不稳定、收入差距拉大的风险。因此，须同时发挥"看得见的手"的作用，通过宏观调控的方式对市场缺陷进行弥补。将"有

① 参见[丹麦]考斯塔·艾斯平·安德森：《福利资本主义的三个世界》，郑秉文译，法律出版社 2003 年版，第 2—3、29—32 页。

② 习近平：《扎实推动共同富裕》，《求是》2021 年第 20 期。

效市场”与“有为政府”相结合、“看得见的手”与“看不见的手”共同作用,才能实现“效率优先,兼顾公平”。市场经济与共同富裕既有统一性又具有矛盾性,市场经济为实现共同富裕提供物质基础,但同时其缺陷又在一定程度上阻碍共同富裕目标的实现,只有建立具有中国特色的社会主义市场经济,才能既发展市场经济又促进共同富裕。

其次,要正确处理所有制结构与共同富裕之间的关系。不同的所有制结构决定了财富的不同分配方式。资本主义私有制尽管在不到一百年的时间里创造了比之前一切时代都多的生产力,然而这些资本也仅仅是被掌握在少数资本家手中。这是由资本主义的本质所决定,资本主义的本质要求生产资料私有制,劳动者通过出卖劳动力创造的价值也被资本家所占有,他们只得到满足基本生存需求的物质,因此在私有制社会中不可能实现共同富裕。在公有制条件下,人民群众创造的财富为人民群众自己所有,按照劳动人民的共同利益来分配和使用。所以,只有在公有制条件下才能实现共同富裕,随着社会的发展,物质资料越来越丰富,实现共同富裕是历史的必然。

最后,要正确处理分配制度与共同富裕的关系。不同的社会性质决定了不同的分配制度,而不同的分配制度又决定了是否能实现共同富裕。资本主义社会实行生产资料私有制,劳动者与生产资料相分离,劳动者通过劳动创造出的价值被资本家所剥削,生产的产品越多,劳动者就越贫困,资本家就越富有,这其中体现了资本主义社会的劳动异化过程。在这样一个过程中,劳动者只能得到满足生存的物质条件,而资本家却得到越来越多的财富和资本,在这样的分配机制下贫富差距只会越来越大。而在社会主义社会实行按劳分配为主体,多种分配方式并存的分配制度。人民群众劳动越多分得的生活和生产资料越多,人民群众可以通过自身的努力获得物质资料,这是实现共同富裕的前提条件。然而,按劳分配是以劳动强度的大小和劳动时间的长短为尺度分配所得,对于不同能力与付出不同时间的劳动者劳动所得将不同。所以按劳分配为主体也只是在社会主义初级阶段实施的形式上的平等,仍在事实上存在不平等。但相对于资本主义的分配方式来说，按劳分配避免了两极分化，避免了剥削，尽管不能实现所有社会成员生活水平全部一致，但形成的差异是非常有限的，而且是在实现共同富裕的前提下。因此，按劳分配为共同富裕目标的实现提供了重要的保障机制。

（三）新时代的国家推进方向：坚持中国特色社会主义

在中国，不管是改革前的计划体制，还是改革后的市场体制，都必须遵守社会主义的前提。这既是中国共产党一党执政的使然，也是中国人民自觉选择的结果。党的十八大以来，国际国内形势都发生了巨大变化，中国的进一步改革势在必行。归根到底，不论改革如何开放、开放到何种程度，我们党和国家都始终坚持社会主义。习近平总书记指出：“中国特色社会主义是社会主义而不是其他什么主义，科学社会主义基本原则不能丢，丢了就不是社会主义。我们党始终强调，中国特色社会主义，既坚持了科学社会主义基本原则，又根据时代条件赋予其鲜明的中国特色。”①我们党和国家经过长久实践探索出中国特色社会主义道路、总结出中国特色社会主义理论体系、建构出中国特色社会主义制度，建设社会主义市场经济、社会主义民主政治、社会主义先进文化、社会主义和谐社会、社会主义生态文明，致力于人的全面发展，努力实现全体人民的共同富裕，始终坚持建成社会主义现代化国家的目标，这些都与社会主义的原则方向相契合，是社会主义在中国的具体实践，是名副其实的社会主义。新时代，我们国家仍然要坚持社会主义，坚定不移走中国特色社会主义道路，不断丰富中国特色社会主义理论体系，进一步完善中国特色社会主义制度，高举习近平新时代中国特色社会主义伟大旗帜。

① 《十八大以来重要文献选编》（上），中央文献出版社 2014 年版，第 109 页。

结语　发展何为:新时代发展之思

发展型国家理论只是发展理论家族谱系当中的一员,它与德国历史学派的"经济国家主义"或"新重商主义"是一脉相承的。基于当时德国远远落后于英国的基本国情,李斯特的《政治经济学的国民体系》,首次抨击了斯密《国富论》普适的自由市场思想,强调"后发民族"实实在在的民族利益。因此,该学派把"民族国家"和"资本主义"连接起来,强调国家在发展中的作用。而德国的现实发展,也只有当俾斯麦捡起了李斯特思想的时候,德国才真正强大起来。后来,日本等国家的发展也在很大程度上继承了这一遗产。东亚发展型国家通过以策略性产业政策为核心的经济发展主义,依靠紧密的公私合作以及韦伯式的官僚,不但实现了举世瞩目的东亚经济发展,而且发挥了巨大的经济社会效应。改革开放后,中国也通过具有中国特色的社会主义突破与超越了传统的社会主义发展型国家,取得举世瞩目的成就,形成一种新型的中国"发展型国家"发展范式。但是,随着发展型国家积极效应的不断释放,发展型国家的诸种局限性也逐渐暴露出来。在 1997—1998 年的亚洲金融危机冲击下,东亚发展型国家展开了超越进程,重新调整发展模式,重置国家、市场和社会的关系,重塑政府的合法性成为东亚地区发展的核心工作。

21 世纪初的世界经济危机,不但进一步检验了发展型国家范式的得失,而且给包括中国在内的发展型国家的转型提出了诸种新的挑战。用"与狼共舞"来形容当时全球化和金融化背景下国家之间的博弈以及由此带来的不确定性和风险性并不为过。正是这种不确定性和风险性决定了在新自由主义和发展型国家范式之间作出“非此则彼”的选择是行不通的。就 1997—1998 年亚洲金融危机而言，正如前面指出的，东南亚国家失败的原因，既有着发展型国家“僵硬性”和“道德风险”的要素，也有着盲目遵循新自由主义政策的要素。就 21 世纪初的世界经济危机而言，它固然直接暴露了新自由主义自由化经济政策和金融政策的弊端，但也同时对包括中国在内的发展型国家的转型提出了挑战。那么新时代的中国如何在如此充满不确定性的国际经济当中实现经济发展战略的转变，同时又促进社会的全面发展，如何在积极参与全球经济的同时又能强化国家驾驭经济及其不确定性的能力，成为中国等发展型国家迫切需要解决的问题。

实质上，这只是久远的发展问题的当代呈现。国家的发展，乃至发展道路的选择，一直以来都是国家首要面临并迫于求解的问题，也是一直引无数理论家和政策制定者不断探讨、不断反思的问题。对发展问题的认识是在思辨和经验的“双重奏”当中发展的。当前的国家发展经验以及面临的世界性挑战，不但为反思发展型国家范式提供了经验基础，而且为进一步反思发展的核心问题提供了新的历史契机。因为，不管是现代化模式与依附模式的争论，还是新自由主义范式与发展型国家范式的争鸣，始终围绕着诸如发展的目的、发展的道路以及国家、市场和社会的关系等发展的核心问题展开。为此，在面临新时代中国国家转型所带来的国际挑战、中国社会主要矛盾转变所带来的新挑战与中国共产党新时代“赶考”所面临的诸多挑战的背景下，对发展型国家及其超越的反思，不但是对它的竞争模式新自由主义的反思，而且是对整个发展核心问题的一种重新省思。

参考文献

一、著作

（一）中文著作

1.《马克思恩格斯文集》第 1 卷，人民出版社 2009 年版。

2.《马克思恩格斯文集》第 2 卷，人民出版社 2009 年版。

3.《马克思恩格斯全集》第 46 卷，人民出版社 2003 年版。

4.《马克思恩格斯全集》第 3 卷，人民出版社 2002 年版。

5.《斯大林选集》（下卷），人民出版社 1979 年版。

6. 邓小平：《邓小平文选》第二卷，人民出版社 1994 年版。

7. 邓小平：《邓小平文选》第三卷，人民出版社 1993 年版。

8. 胡乔木：《胡乔木文集》第二卷，人民出版社 1993 年版。

9. 习近平：《习近平谈治国理政》第一卷，外文出版社 2018 年版。

10. 习近平：《习近平谈治国理政》第二卷，外文出版社 2017 年版。

11. 习近平：《习近平谈治国理政》第三卷，外文出版社 2020 年版。

12. 习近平：《在庆祝中国共产党成立 100 周年大会上的讲话》，人民出版社 2021 年版。

13. 习近平：《论坚持全面深化改革》，中央文献出版社 2018 年版。

14. 陈云：《陈云文选》第 3 卷，人民出版社 1986 年版。

15. 江泽民：《在庆祝中国共产党成立八十周年大会上的讲话（2001 年 7 月 1 日）》，人民出版社 2001 年版。

16. 江泽民：《江泽民文选》第一卷，人民出版社 2006 年版。

17. 中共中央文献研究室编：《十一届三中全会以来党的历次全国代表大会中央全会重要文件选编》（上），中央文献出版社 1997 年版。

18. 中共中央文献研究室编：《三中全会以来重要文献选编》（下），人民出版社

1982 年版。

19. 中共中央文献研究室编:《建国以来重要文献选编》(第九册),中央文献出版社 1994 年版。

20. 中共中央党史和文献研究院:《习近平关于总体国家安全观论述摘编》,中央文献出版社 2018 年版。

21. 中共中央文献研究室编:《习近平关于社会主义经济建设论述摘编》,中央文献出版社 2017 年版。

22. 中共中央文献研究室编:《习近平关于全面深化改革论述摘编》,中央文献出版社 2014 年版。

23. 中共中央文献研究室编:《十六大以来重要文献选编》(下),中央文献出版社 2008 年版。

24. 中共中央文献研究室编:《十八大以来重要文献选编》(上),中央文献出版社 2014 年版。

25. 北京师范大学经济与资源管理所:《中国市场经济发展报告 2003》,中国对外经济贸易出版社 2003 年版。

26. 联合国开发计划署:《1999 年人类发展报告:富于人性的全球化》,中国财政经济出版社 2002 年版。

27. 联合国开发计划署:《中国人类发展报告 2002:绿色发展,必选之路》,中国财政经济出版社 2002 年版。

28. 世界银行:《1991 年世界发展报告:发展面临的挑战》,中国财政经济出版社 1991 年版。

29. 世界银行:《1992 年世界发展报告》,中国财政经济出版社 1992 年版。

30. 世界银行编:《东亚的复苏与超越》,朱文晖、王玉清译,中国人民大学出版社 2001 年版。

31. [埃及]萨米尔 · 阿明:《世界一体化的挑战》,任友谅等译,社会科学文献出版社 2003 年版。

32. [英]佩里 · 安德森:《绝对主义国家的谱系》,刘北成、龚晓庄译,上海人民出版社 2001 年版。

33. [丹麦]考斯塔 · 艾斯平 · 安德森:《福利资本主义的三个世界》,郑秉文译,法律出版社 2003 年版。

34. [英]齐格蒙特 · 鲍曼:《全球化——人类的后果》,商务印书馆 2001 年版。

35. [奥]奥托 · 鲍威尔:《布尔什维主义还是社会民主主义?》,史集译,生活 · 读书 · 新知三联书店 1978 年版。

36. [美]沃尔特 · W.鲍威尔、保罗 · J.迪马吉奥主编:《组织分析的新制度主义》,

上海人民出版社 2008 年版。

37. [英]卡尔·波兰尼:《大转型:我们时代的政治与经济起源》,冯刚、刘阳译,浙江人民出版社 2007 年版。

38. [德]W.勃兰特等:《社会民主与未来》,丁冬红、白伟译,重庆出版社 1990 年版。

39. [苏]尼·布哈林:《过渡时期经济学》,余大章、郑异凡译,东方出版社 1988 年版。

40. [法]费尔南·布罗代尔:《15 至 18 世纪的物质文明、经济和资本主义》(第二卷),顾良译,生活·读书·新知三联书店 2002 年版。

41. [法]费尔南·布罗代尔:《15 至 18 世纪的物质文明、经济和资本主义》(第三卷),施康强、顾良译,生活·读书·新知三联书店 2002 年版。

42. [日]大河内一男:《过渡时期的经济思想——亚当·斯密与弗·李斯特》,胡企林、沈佩林译,中国人民大学出版社 2000 年版。

43. [美]弗里德里克·C.戴约:《东亚模式的启示——亚洲四小龙政治经济发展研究》,中国广播电视出版社 1992 年版。

44. [英]帕特里克·邓利维、布伦登·奥利里:《国家理论:自由民主的政治学》,欧阳景根、尹冬华、孙云竹译,浙江人民出版社 2007 年版。

45. [澳]克莱门德·蒂斯坦尔:《中国的经济发展》,杨瑞龙等译,中国经济出版社 1995 年版。

46. [荷]耶勒·费舍、安东·黑姆耶克:《荷兰的奇迹:荷兰的就业增加、福利改革、法团主义》,张文成译,重庆出版社 2008 年版。

47. [美]米尔顿·弗里德曼:《资本主义与自由》,商务印书馆 2006 年版。

48. [美]米尔顿·弗里德曼、罗丝·弗里德曼:《自由选择》,机械工业出版社 2008 年版。

49. [美]弗朗西斯·福山:《国家构建——21 世纪的国家治理与世界秩序》,中国社会科学出版社 2007 年版。

50. [美]高柏:《经济意识形态与日本产业政策:1931—1965 年的发展主义》,安佳译,上海人民出版社 2008 年版。

51. [美]威廉·格雷德:《资本主义全球化的疯狂逻辑》,张定淮等译,社会科学文献出版社 2003 年版。

52. [英]安东尼·哈尔、詹姆斯·梅志里:《发展型社会政策》,社会科学文献出版社 2006 年版。

53. [意]麦克尔·哈特、安东尼奥·奈格里:《帝国——全球化的政治秩序》,江苏人民出版社 2003 年版。

54. [英]弗里德利希·冯·哈耶克:《法律、立法与自由》(第二、三卷),邓正来、张守东、李静冰译,中国大百科全书出版社 2000 年版。

55. [美]亚历山大·汉密尔顿等:《联邦党人文集》,商务印书馆 1980 年版。

56. [英]戴维·赫尔德、安东尼·麦克格鲁:《全球化与反全球化》,陈志刚译,社会科学文献出版社 2004 年版。

57. [德]弗里德里希·黑格尔:《法哲学原理或自然法和国家学纲要》,范扬、张企泰译,商务印书馆 1961 年版。

58. [美]塞缪尔·亨廷顿等:《现代化——理论与历史经验的再探讨》,上海译文出版社 1993 年版。

59. [英]菲利普·怀曼:《瑞典与“第三条道路”:一种宏观经济学的评价》,刘庸安等译,重庆出版社 2008 年版。

60. [德]依曼努尔·康德:《历史理性批判文集》,何兆武译,商务印书馆 1990 年版。

61. [匈牙利]雅诺什·科尔奈:《社会主义体制:共产主义政治经济学》,张安译,中央编译出版社 2007 年版。

62. [美]罗伯特·赖克:《国家的作用——21 世纪的资本主义前景》,上海译文出版社 1994 年版。

63. [德]弗里德里希·李斯特:《政治经济学的国民体系》,商务印书馆 1997 年版。

64. [美]杰拉尔德·迈耶、约瑟夫·斯蒂格利茨主编:《发展经济学前沿:未来展望》,中国财政经济出版社 2003 年版。

65. [瑞典]冈纳·缪尔达尔:《亚洲的戏剧:对一些国家贫困问题的研究》,谭力文、张卫东译,北京经济学院出版社 1992 年版。

66. [英]约翰·内维尔·凯恩斯:《政治经济学的范围与方法》,党国英、刘惠译,华夏出版社 2001 年版。

67. [法]弗朗索瓦·佩鲁:《新发展观》,张宁、丰子义译,华夏出版社 1987 年版。

68. [希腊]尼科斯·普兰查斯:《政治权力与社会阶级》,中国社会科学出版社 1982 年版。

69. [日]青木昌彦、金滢基、奥野-藤原正宽主编:《政府在东亚经济发展中的作用:比较制度分析》,中国经济出版社 1998 年版。

70. [印]阿马蒂亚·森:《以自由看待发展》,中国人民大学出版社 2002 年版。

71. Shahid Yusuf、M. Aujum Altaf、Kaoru Nabeshima 编:《全权变革与东亚政策倡议》,王世华等译,中国财政经济出版社 2005 年版。

72. [英]亚当·斯密:《国富论》,中南大学出版社 2003 年版。

73. [英]苏珊·斯特兰奇:《权力流散:世界经济中的国家与非国家权威》,北京大学出版社 2005 年版。

74. [法]埃米尔·涂尔干:《社会分工论》,渠东译,生活·读书·新知三联书店 2000 年版。

75. [美]罗伯特·韦德:《驾驭市场》,企业管理出版社 1994 年版。

76. [美]查尔斯·K.威尔伯主编:《发达与不发达问题的政治经济学》,中国社会科学出版社 1984 年版。

77. [美]艾伦·沃尔夫:《合法性的限度》,沈汉等译,商务印书馆 2005 年版。

78. [美]查尔斯·沃尔夫:《市场,还是政府——不完善的可选事物间的抉择》,重庆出版社 2007 年版。

79. [美]乔恩·沃伦诺夫:《人为的奇迹》,罗龙、郁庆晨译,华夏出版社 1989 年版。

80. [美]查默斯·约翰逊:《通产省与日本奇迹》,中共中央党校出版社 1992 年版。

81. [日]中村隆英、尾高煌之助编:《双重结构》(《日本经济史》第 6 卷),张向东、张雪译,生活·读书·新知三联书店 1997 年版。

82. [日]中村隆英编:《"计划化"和"民主化"》(《日本经济史》第 7 卷),胡企林等译,生活·读书·新知三联书店 1997 年版。

83. [美]李侃如:《治理中国:从革命到改革》,中国社会科学出版社 2010 年版。

84. [英]马丁·雅克:《大国雄心:一个永不褪色的大国梦》,中信出版社 2016 年版。

85. [美]戴维·兰普顿:《中国力量的三面:军力、财力和智力》,新华出版社 2010 年版。

86. 郑永年:《中国模式:经验与困局》,浙江人民出版社 2010 年版。

87. 郑永年:《关键时刻:中国改革何处去》,东方出版社 2014 年版。

88. 郑永年:《大趋势:中国下一步》,东方出版社 2019 年版。

89. 陈炳辉:《西方马克思主义的国家理论》,中央编译出版社 2004 年版。

90. 邓国胜:《非营利组织评估》,社会科学文献出版社 2001 年版。

91. 丁煌:《西方行政学说史》,武汉大学出版社 2004 年版。

92. 董正华、赵自勇、庄礼伟等:《透视东亚"奇迹"》,学林出版社 1999 年版。

93. 何兵:《利害的分配——我们身边的法律》,上海三联书店 2005 年版。

94. 何清涟:《现代化的陷阱——当代中国的经济社会问题》,今日中国出版社 1998 年版。

95. 黄平、崔之元主编:《中国与全球化:华盛顿共识还是北京共识》,社会科学文献出版社 2005 年版。

96. 黄宗智:《经验与理论:中国社会、经济与法律的实践历史研究》,中国人民大学出版社 2007 年版。

97. 胡鞍钢:《中国:再上新台阶》,浙江人民出版社 2006 年版。

98. 胡元樟、薛晓源:《经济全球化与中国》,中央编译出版社 1999 年版。

99. 纪宝成主编:《中国经济发展研究报告 2007:中国金融改革与发展道路的选择》,中国人民大学出版社 2007 年版。

100. 李国鼎:《台湾地区的经济计划及其实施》,东南大学出版社 1995 年版。

101. 李文:《东亚社会变革》,世界知识出版社 2003 年版。

102. 李泽厚:《中国现代思想史论》,天津社会科学出版社 2004 年版。

103. 梁从诫:《2005:中国的环境危局与突围》,社会科学文献出版社 2006 年版。

104. 卢风:《启蒙之后》,湖南大学出版社 2003 年版。

105. 罗荣渠:《现代化新论》,北京大学出版社 1993 年版。

106. 王长胜:《中国电子政务发展报告 NO.4:从政府信息上网到政府服务上网》,社会科学文献出版社 2007 年版。

107. 中央网信办:《国家电子政务发展报告(2013)》,人民邮电出版社 2014 年版。

108. 黄晓勇主编:《中国民间组织报告(2013 年)》,社会科学文献出版社 2013 年版。

109. 杨团主编:《中国慈善发展报告(2013)》,社会科学文献出版社 2013 年版。

110. 王列、杨雪冬编:《全球化与世界》,中央编译出版社 1998 年版。

111. 王名主编:《中国民间组织 30 年——走向公民社会(1978—2008)》,社会科学文献出版社 2008 年版。

112. 王晓升等:《西方马克思主义意识形态理论》,社会科学文献出版社 2008 年版。

113. 王信贤:《争辩中的中国社会组织研究:“国家—社会”关系的视角》,台北韦伯文化国际出版有限公司 2006 年版。

114. 吴国光:《赵紫阳与政治改革》,太平洋世纪研究所 1997 年版。

115. 萧功秦:《与政治浪漫主义告别》,湖北:湖北教育出版社 2001 年版。

116. 谢立中、孙立平主编:《二十世纪西方现代化理论文选》,上海三联书店 2002 年版。

117. 邢来顺:《迈向强权国家:1830 年—1914 年德国工业化与政治发展研究》,华中师范大学出版社 2002 年版。

118. 许宝强,汪晖选编:《发展的幻象》,中央编译出版社 2001 年版。

119. 尹保云:《韩国为什么成功》,文津出版社 1993 年版。

120. 郁建兴:《马克思国家理论与现时代》,东方出版中心 2007 年版。

121. 俞可平编:《国将不国》,江西人民出版社 2004 年版。

122. 俞可平等主编:《中国模式与“北京共识”:超越“华盛顿共识”》,社会科学文献出版社 2006 年版。

123. 俞可平编:《国将不国》,江西人民出版社 2004 年版。

124. 俞可平编:《治理与善治》,社会科学文献出版社 2000 年版。

125. 张静:《法团主义——及其与多元主义的主要分歧》,中国社会科学出版社 1998 年版。

126. 张静主编:《国家与社会》,浙江人民出版社 1998 年版。

127. 张军:《"双轨制"经济学:中国的经济改革(1978—1992)》,上海三联书店、上海人民出版社 2006 年版。

128. 邹东涛主编,《中国经济发展和体制改革报告 No.1:中国改革开放 30 年(1978—2008)》,社会科学文献出版社 2008 年版。

129. 庄起善:《俄罗斯转轨经济研究》,复旦大学出版社 2000 年版。

130. 肖子良:《中国共产党防范执政风险研究》,中国社会科学出版社 2018 年版。

131. 辛向阳:《中国特色社会主义道路研究》,河北人民出版社 2011 年版。

132. 周延胜:《借鉴与超越:世界政党制度的类型与特征》,世界知识出版社 2017 年版。

133. 王建:《马克思的风险社会思想及其当代价值》,人民出版社 2018 年版。

134. 陈春常:《转型中的中国国家治理研究》,上海三联书店 2014 年版。

135. 刘智峰:《国家治理论:国家治理转型的十大趋势与中国国家治理问题》,中国社会科学出版社 2014 年版。

136. 郭苏建:《转型中国的社会治理理论、实践与制度创新》,格致出版社 2021 年版。

137. 辛向阳:《中国特色社会主义新时代》,人民日报出版社 2020 年版。

138. 人民日报理论部:《中国式现代化》,人民东方出版传媒有限公司 2021 年版。

139. 中国现代化报告课题组:《中国现代化报告(2001 年至今)》,北京大学出版社 2001 年版。

140. 杨耕:《东方的崛起:关于中国式现代化的哲学反思》,北京师范大学出版社、北京出版社 2015 年版。

141. 丰子义:《现代化的理论基础:马克思现代社会发展理论研究》,北京师范大学出版社 2017 年版。

142. 韩庆祥:《中国特色社会主义的发展逻辑》,中国人民大学出版社 2020 年版。

(二)英文著作

144. Alagappa, M., edited, *Civil Society and Political Change in Asia, Expanding and Contracting Democratic Space*, Stanford, California: Stanford University Press, 2004.

145. Alvin, Y. So., *Social Change and Development: Modernization, Dependency, and*

World-System Theories, Newbury Park, Londan, New Delhi: SAGE Publicaitions, 1990.

146. Alvin, Y. So., edited, *China's Developmental Miracle: Origins, Transformations, and Challenges*, New York: M.E.Sharpe press, 2002.

147. Appelbaum, R.P., Henderson, J., edited, *States and Development in the Asian Pacific Rim*, Beverly Hills: Sage, 1992.

148. Aslund, A., *Gorbachev's Struggle for Economic Reform*, London: Pinter Publishers, 1989.

149. Beker, G.S., *Human Capital: A theoretical and empirical analysis with special reference to education*, New York, Columbia University Press, 1964.

150. Berger, P., Luckmann, T., *The social Construction of Reality: A Treatise in the Sociology of Knowledge*, Garden City, New York: Doubleday, 1966.

151. Boyd, R., Ngo, T. W., edited, *Asian States: Beyond the Developmental Perspective*, London and New York: Routledge Curzon, 2005.

152. Bryson, J. R., Daniels, P. W., Henry N., et al Edited. *Knowledge, Space, Economy*, London and New York: Routledge press, 2000.

153. Chan, S., Clark, C., Lam, D., edited, *Beyond the Developmental State: East Asia's Political Economies Reconsidered*, London: Palgrave Macmillan Press, 1998.

154. Cowling, M., Reynolds, P., *Marxism, the Millennium and Beyond*, New York: PALGRAVE, 2000.

155. Cumings, M. W., edited, *The Developmental State*, Ithaca and London: Cornell University Press, 1999.

156. Czempiel, E.O., Rosenau J.N., edited, *Global Changes and Theoretical Challenges. Approaches to World Politics for the* 1990*s*, Lexington, MA: Lexington Books, 1989.

157. Duckett, J., *The Entrepreneurial State in China: Real estates and commerce departments in reform era Tianjin*, London and New York: Routledge, 1998.

158. Eckstein, A., *China's Economic Development: The Interplay of Scarcity and Ideology*, New Delhi: Surjeet Publication, 1989.

159. Evans, P.B., *Embedded Autonomy: States and Industrial Transformation*, Princeton University Press, 1995.

160. Goodman, R., White, G., Kwon, H., (eds), *The East Asian Welfare Model: Welfare Orientalism and the State*, London: Routledge, 1998.

161. Harbison, F.H., *Human Resource as the Wealth of Nations*, New York: Oxford University Press, 1973.

162. Hasan, P., *Korea: problems and Issues in a Rrapidly Growing Economy*, Baltimore

and London:The Johns Hopkins University Press,1976.

163. Horsman, M., Marshall, A., *After the Nation-State. Citizens, Tribalism and the New World Disorder*, London: HarperCollins, 1994.

164. Jessop, B., *State Theory: Putting Capitalist States in Their Place*, Cambridge: Polity Press, 1990.

165. Jessop, B., *The Future of the Capitalist State*, Cambridge: Polity Press, 2002.

166. Johnson, C., *Japan, Who Governs? The Rise of the Developmental State*, New York: W.W.Norton, 1995.

167. Johnson, C., *Peasant Nationalism and Communist Power*, Stanford University Press, 1962.

168. Kahn, H., with the Hudson Institute, *World economic development*: 1979 *and beyond*, Boulder, Colorado: Westview Press, 1979.

169. Kwon, H.J., edited, *Transformation the Developmental Welfare State in East Asia*, *Palgrave Macmillian*, 2005.

170. Lee, H. Y., *From Revolutionary Cadres to Party Technocrats in Socialist China*, Berkeley, CA: University of California Press, 1991.

171. Lin, C., *The Transformation of Chinese Socialism*, Durham and London: Duke University Press, 2006.

172. Ma, Q. SH., *Non-Governmental Organizations in Contemporary China: Paving the way to civil society?*, New York: Routledge Press, 2006.

173. Mason, E.S., (etc), edited, *The Economic and social modernization of the Republic of Korea*, Cambridge, Massachusetts, and London: Harvard University Press, 1980.

174. McCormick, B. L., Unger, J., edited, *China after Socialism: In the Footsteps of Eastern Europe or East Asia?*, New York: M.E.Sharpe Press, 1996.

175. Montes, M. F., *The Currency Crisis in Southeast Asia*, Singapore: Institute of Southeast Asian Studies, 1998.

176. Nee, V., Stark, D., edited, *Remaking the Economic Institutions of Socialism: China and Eastern Europe*, Stanford, California: Stanford University Press, 1989.

177. Okimoto, D., *Between MITI and the Market: Japanese Industrial Policy for High Technology*, Stanford, California: Stanford University Press, 1989.

178. Palan, R., edited, *Global Political Economy: Contemporary Theories*, London: Routledge, 2000.

179. Paul, T.V., Hall J.A., edited, *International Order and the Future of World Politics*, Cambridge: Cambridge University Press, 1999.

180. Pei, M.X., *From Reform to Revolution: The Demise of Communism in China and the Soviet Union*, Cambridge, Massachusetts, and London: Harvard University Press, 1994.

181. Pontusson, J., *Inequality and Prosperity: Social Europe Vs. Liberal America*, Ithaca: Cornell University Press, 2005.

182. Pyle, K.B., *The Japanese question: power and purpose in a new era*, Washington, D.C.: AEI Press, 1996.

183. Quadir, F., Lele J., edited, *Democracy and Civil Society in Asia: Volume 1-Globalization, Democracy and Civil Society*, New York: Palgrave Macmillan Press, 2004.

184. Rosenbaum, A.L., edited, *State and Society in China: The Consequences of Reform*, Boulder, San Francisco, Oxford: Westview Press, 1992.

185. Schmitt, C., *the concept of the political*, New Brunswick: Rutgers University Press, 1976.

186. Shin, J.S., edited, *Global challenges and Local Responses: The East Asian experience*, London and New York: Routledge, 2007.

187. Shirk, S., *The Political Logic of Economic Reform in China*, Berkeley, CA: University of California Press, 1993.

188. Solinger, D. J., *China's Transition from Socialism: Statist Legacies and Market Reforms* 1980-1990, Armonk, London: M.E.Sharpe, Inc, 1993.

189. Walder, A.G., edited, *Zouping in Transition: The Process of Reform in Rural North China*, Cambridge, MA: Harvard University Press, 1998.

190. Wang, Sh.G., Hu A.G., *The Political Economy of Uneven Development: The Case of China*, Armonk, NY: M.E.Sharpe, 1999.

191. Wei, Sh.J., (etc) edited, *The Globalization of the Chinese Economy*, Cheltenham: Edward Elgar Publishing Limited, 2002.

192. White, G., edited, *Developmental States in East Asia*, London: Macmillan Press, 1988.

193. White, G., edited, *The Chinese State in the Era of Economic Reform: The Road to Crisis*, Basingstoke, Hampshire: Macmillan Professional and academic LTD, 1991.

194. White, G., Howell, J., Shang, X.Y., *In Search of Civil Society: Market Reform and Social Change in Contemporary China*, Oxford: Clarendon Press, 1996.

195. World Bank, *The East Asian Miracle: Economic Growth and Public Policy*, New York: Oxford University Press, 1993.

196. Yang, D.L., *Remaking the Chinese Leviathan: Market Transition and the Politics of Governance in China*, Stanford, California: Stanford University Press, 2004.

197. Yeom, J., *Bureaucratic Organization in a Network Setting: MITI and Japanese Industrial Policy for High Technology*, Stanford: Stanford University Press, 1989.

198. Zheng, Y. N., *Globalization and State Transformation in China*, Cambridge: Cambridge University Press, 2004.

199. Hundt, David, Uttam, Jitendra, *Varieties of Capitalism in Asia: Beyond the Developmental State*, New York: Palgrave Macmillan Press, 2017.

200. Haggard, S., *Developmental states*, Cambridge: Cambridge University Press, 2018.

201. Karla W.Simon, *Civil society in China: the legal framework from ancient times to the new reform era*, New York: Oxford university Press, 2013.

202. Jessica C.Teets, *Civil Society Under Authoritarianism: The China Model*, Cambridge: Cambridge University Press, 2014.

203. Fulda, Andreas, *Civil society contributions to policy innovation in the PR China: environment, social development and international cooperation*, New York: Palgrave Macmillan Press, 2017.

二、论文

（一）中文论文

1. 莱谢克·巴塞罗维奇:《中东欧经济转轨争论中的谬误》,《经济社会体制比较》2004 年第 6 期。

2. 阿托里奥·波林:《〈帝国〉的迷失》,《国外理论动态》2006 年第 11 期。

3. 罗伯特·B.丹哈特,珍妮特·V.丹哈特:《新公共服务:服务而非掌舵》,《中国行政管理》2002 年第 10 期。

4. 保罗·赫斯特、格雷汉姆·汤普森:《关于亚洲金融危机的几种解释和亚洲模式的未来》,张文成编译,《当代世界与社会主义》(双月刊)2001 年第 5 期。

5. 伊恩·霍利戴:《东亚社会政策的特点:促进生产的福利资本主义》,刘金婧摘译,《国外理论动态》2001 年第 12 期。

6. 保罗·克鲁格曼:《拯救亚洲:应当改弦易辙了》,《国际金融研究》1998 年第 9 期。

7. 雷蒙·迈尔斯(马若孟):《东亚农业的制度变迁和变革——一个历史学阐释》,《古今农业》2004 年第 1 期。

8. 彼得·W.普雷斯顿:《解读亚洲金融危机:历史、文化和机构实况》(上、下),《南洋资料译丛》2000 年第 3、4 期。

9. Jeffrey Sachs、胡永泰、杨小凯:《经济改革和宪政转轨》,《经济学(季刊)》2003 年

第 2 卷第 4 期。

10. 斯蒂格利茨:《走向一种新的发展范式》,王燕燕编译,《经济社会体制比较》2005 年第 1 期。

11. 斯蒂格利茨:《后华盛顿共识》(上、下),段丽萍译,《国外社会科学文摘》1999 年第 1、2 期。

12. 曹子坚:《重新审视"渐进式改革"》,《中国改革》2005 年第 8 期。

13. 陈泽伟、王强:《潘岳:朝着和谐公平的社会前进》,《商务周刊》2004 年第 24 期。

14. 陈志武:《我们的政府有多大?》,《经济观察报》2008 年 2 月 23 日。

15. 崔志鹰:《试析韩国市民社会的发展》,《国际观察》2000 年第 4 期。

16. 邓正来、景跃进:《建构中国的市民社会》,《中国社会科学季刊》(香港地区)总第 1 期(创刊号)1992 年 11 月。

17. 杜平:《中国能否找到自己的模式?》,《联合早报》2006 年 12 月 29 日。

18. 樊纲:《两种改革方式和两种改革成本》,《经济研究》1993 年第 1 期。

19. 顾昕、王旭:《从国家主义到法团主义——中国市场转型过程中国家与专业团体关系的演变》,《社会学研究》2005 年第 2 期。

20. 顾昕:《公民社会发展的法团主义之道——能促型国家与国家和社会的相互增权》,《浙江学刊》2004 年第 6 期。

21. 韩志强:《垄断对民营经济发展的影响及对策》,《乡镇企业研究》2003 年第 1 期。

22. 何增科:《中国公民社会制度环境要素分析》,载俞可平等:《中国公民社会的制度环境》,北京大学出版社 2006 年版。

23. 何子英:《全球化时代的国家及其未来走向——杰索普的新马克思主义国家理论述评》,中山大学马克思主义哲学与中国现代化研究所 2008 年博士学位毕业论文。

24. 黄培雄:《发展中国家"热衷"金融开放的反思与策略》,《理论月刊》2007 年第 6 期。

25. 开文明:《激进式和渐进式改革的评价》,《世界经济情况》2007 年第 2 期。

26. 康晓光等:《分类控制:当前中国大陆国家与社会研究》,《社会学研究》2005 年第 6 期。

27. 蓝志勇:《给分权划底线,为创新设边界——地方政府创新的法律环境探讨》,《浙江大学学报(人文社会科学版)》2007 年第 6 期。

28. 李晟:《转型中国的中央与地方分权》,《北京大学研究生学志》2007 年第 2 期。

29. 李芝兰:《跨越零和:思考当代中国的中央地方关系》,《华中师范大学学报(人文社会科学版)》2004 年第 6 期。

30. 林毅夫:《以初次分配实现公平与效率的统一》,《人民日报》2007 年 4 月 28 日。

31. 罗美娟:《结构主义和新古典主义对发展经济学的贡献及局限》,《当代财经》2000 年第 6 期。

32. 阮思余:《从发展型国家走向民主社会主义国家?》,《二十一世纪》2008 年 12 月号。

33. 邵道生:《"既得利益集团"与中国的腐败问题》,《廉政大视野》2003 年第 11 期。

34. 沈红芳:《危机的理论与理论的危机》,《东南亚研究》2003 年第 5 期。

35. 沈静:《经济全球化与中国国家经济安全的若干思考》,《世界经济研究》2002 年第 4 期。

36. 谭中:《"斜光照墟落"的华尔街》,《联合早报》2009 年 2 月 19 日。

37. 潘屹:《论中国国家福利的重构》,《经济社会体制比较》2007 年第 2 期。

38. 王名:《改革民间组织双重管理体制的分析和建议》,《中国行政管理》2007 年第 4 期。

39. 王绍光:《国家在市场经济转型中的作用》,《战略与管理》1994 年第 2 期。

40. 王绍光:《分权的底线》,《战略与管理》1995 年第 2 期。

41. 王一江:《当前财政的三大问题》,《经济观察报》2007 年 7 月 23 日。

42. 王乐夫、唐兴霖:《珠江三角洲:地方政府在经济发展中的地位和作用》,《中山大学学报(社会科学版)》1997 年第 4 期。

43. 西文:《开发七年路:成就、变化》,《西部大开发》2006 年第 12 期。

44. 夏光、陈赛:《保障环境公平应当基于哪儿?》,《中国环境报》2005 年 3 月 8 日。

45. 辛集市政府办公室:《"中国皮革之乡"——辛集》,《探索与求是》1998 年第 12 期。

46. 邢来顺:《工业化冲击下的德意志帝国对外贸易及其政策》,《史学月刊》2003 年第 4 期。

47. 徐俊忠:《关于解放思想的几个问题》,《现代哲学》2008 年第 4 期。

48. 徐俊忠:《建构社会主义和谐社会必须走出"市场崇拜"的误区》,《现代哲学》2007 年第 1 期。

49. 徐勇:《治理转型与竞争——合作主义》,《开放时代》2001 年第 7 期。

50. 徐勇:《内核—边层:可控的放权式改革——对中国改革的政治学解读》,《开放时代》2003 年第 1 期。

51. 杨光斌:《我国现行中央—地方关系下的社会公正问题与治理》,《社会科学研究》2007 年第 3 期。

52. 杨亮:《危机、调整、重构——亚洲金融危机年终综述(下)》,《北方经济》1998 年第 12 期。

53. 杨鹏飞:《新合作主义能否整合中国的劳资关系?——以上海的实践为例》,《社会科学》2006 年第 8 期。

54. 叶汝贤:《每个人的自由发展是一切人自由发展的条件——〈共产党宣言〉关于未来社会的核心命题》,《中国社会科学》2006 年第 3 期。

55. 郁建兴:《伯恩斯坦的市民社会理论与马克思》,《哲学研究》1997 年第 4 期。

56. 郁建兴:《社会主义市民社会的当代可能性》,《文史哲》2003 年第 1 期。

57. 郁建兴:《解放思想才能建构和谐社会》,《哲学研究》2008 年第 5 期。

58. 郁建兴:《治理与国家建构的张力》,《马克思主义与现实》2008 年第 1 期。

59. 郁建兴、石德金:《超越发展型国家与中国的国家转型》,《学术月刊》2008 年第 4 期;人大复印报刊资料《中国政治》2008 年第 7 期。

60. 郁建兴、石德金:《发展型国家:一种理论范式的批评性考察》,《文史哲》(双月刊)2008 年第 4 期。

61. 郁建兴、吴宇:《中国民间组织的兴起与国家—社会关系理论的转型》,《人文杂志》2003 年第 4 期。

62. 俞可平:《社会主义市民社会:一个新的研究课题》,《天津社会科学》1993 年第 4 期。

63. 袁祖社:《中国特色"市民社会"问题研究——理论旨趣与实践意义》,《理论与现代化》1998 年第 7 期。

64. 袁祖社:《中国"市民社会"及其基本价值取向初探》,《求是学刊》1999 第 4 期。

65. 袁祖社:《中国特色"市民社会"的发育及其文化价值探究》,《北京师范大学学报(社会科学版)》1999 年第 1 期。

66. 岳经伦:《科学发展观:新世纪中国发展政策的新范式》,《学术研究》2007 年第 3 期。

67. 张国庆、王华:《动态平衡:新时期中国政府管制的双重选择》,《湖南社会科学》2004 年第 1 期。

68. 张海洋:《R&D 的两面性、外资活动与中国工业生产率增长》,《经济研究》2005 年第 5 期。

69. 张静:《"法团主义"模式下的工会角色》,《工会理论与实践》2001 年第 1 期。

70. 郑秉文:《合作主义:中国福利制度框架的重构》,《经济研究》2002 年第 2 期。

71. 郑永年:《要求中央与地方关系的改革》,《联合早报》2006 年 8 月 22 日。

72. 郑永年:《中国中央集权要有制度创新》,《联合早报》2006 年 12 月 12 日。

73. 郑永年:《民生经济是中国和谐社会的经济基础》,《联合早报》2007 年 5 月 1 日。

74. 郑永年:《中国为什么对民主社会主义感兴趣》,《联合早报》2007 年 10 月 16 日。

75. 郑永年:《中国改革开放对世界意味着什么》,《联合早报》2008 年 11 月 25 日。

76. 郑永年:《中国教育部门的 GDP 主义及其后果》,《联合早报》2009 年 1 月 20 日。

77. 周怀峰:《侧重对国外开放的区域开放之反思——以对外贸易为例》,《理论月刊》2004 年第 6 期。

78. 朱宝信:《培育有中国特色的市民社会刍议》,《文史哲》1994 年第 6 期。

79. 朱天飚:《发展型国家的衰落》,《经济社会体制比较》2005 年第 5 期。

80. 吴志成,王慧婷:《全球治理体系面临的挑战与中国的应对》,《天津社会科学》2020 年第 3 期。

81. 朱炳成:《全球气候治理面临的挑战及其法制应对》,《中州学刊》2020 年第 4 期。

82. 郭定平:《政党中心的国家治理:中国的经验》,《政治学研究》2019 年第 3 期。

83. 王林林,双传学:《新时代中国共产党政治风险防范的逻辑考量与实践路向》,《江西财经大学学报》2021 年第 2 期。

84. 王韶兴:《现代化进程中的中国社会主义政党政治》,《中国社会科学》2019 年第 6 期。

85. 赵娟娟:《土耳其政党制度与国家能力的建构》,《阿拉伯世界研究》2021 年第 4 期。

86. 杨盼盼,徐奇渊,杨子荣:《复盘新冠疫情下的美国宏观经济政策》,《当代美国评论》2021 年第 5 期。

87. 黄宗昊:《"发展型国家"理论的起源、演变与展望》,《政治学研究》2019 年第 5 期。

88. 耿曙、陈玮:《发展型国家:理论渊源与研究进展》,《中国政治学》2019 年第 2 期。

89. 耿曙、陈玮:《发展型国家的兴与衰:国家能力、产业政策与发展阶段》,《经济社会体制比较》2017 年第 2 期。

90. 陈理:《中国共产党与中国现代化》,《马克思主义与现实》2021 年第 2 期。

91. 罗平汉:《中国共产党与中国现代化》,《历史研究》2021 年第 2 期。

92. 马敏:《现代化的"中国道路"——中国现代化历史进程的若干思考》,《中国社会科学》2016 年第 9 期。

93. 陈嘉明:《中国现代化视角下的儒家义务论伦理》,《中国社会科学》2016 年第 9 期。

94. 朱荫贵:《中国早期现代化:与日本的比较》,《中国社会科学》2016 年第 9 期。

(二)英文论文

95. Alamgir, J., "Globalization and State Capacity", *International Studies Review*, 1999, 1(1).

96. Amsden, A.H., "Why Isn't the Whole World Experimenting with the East Asia Model to Develop?: Review of the East Asian Miracle", *World Development*, 1994, 22(4).

97. Aspalte, r C., "The East Asian welfare model", *International Journal of Social Welfare*, 2006, (15).

98. Baccaro, L., "What is Alive and What is Dead in the Theory of Corportism", *British Journal of Industrial Relations*, 2003, 41(4).

99. Blecher, M., Shue V., " Into Leather: State-led Development and the Private Sector in Xinji", *The China Quarterly*, 2001, (166).

100. Breslin, Sh.G., "China: developmental state or dysfunctional development?", *Third World Quarterly*, 1996, 17(4).

101. Cerny, P.G., "Paradoxes of the Competition State: The Dynamics of Political Globalisation", *Government and Opposition*, 1997, 32(2).

102. Chibber, V., "Bureaucratic Rationality and the Developmental State", *American Journal of Sociology*, 2002, 107(4).

103. Chua, C.H., "China's uphill task in conserving energy", *Strait Times*, 6, July, 2005.

104. Croissant, A., "Changing Welfare Regimes in East and Southeast Asia: Crisis, Change and Challenge", *Social Policy and Administration*, 2004, 38(5).

105. Deininger, K., Squire, L., "Economic Growth and Income Inequality: Reexaming the Links", *Finance and Development*, March 1997.

106. Dixon, C., "The developmental implications of the Pacific Asian crises: the Thai experience", *Third World Quarterly*, 1999, 20(2).

107. Donald, D., "Review: The Japanese Civil Service and Economic Development: Catalysts of Change; Japan: Who Governs? The Rise of the Developmental State", *The Economic Journal*, Vol.108. May, 1998.

108. Evans, P. B., "Predatory, Developmental, and Other Apparatuses: A Comparative Political Economy Perspective on the Third World State", *Sociological Forum*, 1989, 4(4).

109. Furman, J., Stiglitz, J.E., Bosworth, B.P., Radelet, S., "Economic Crises: Evidence

and Insights from East Asia", *Brookings Papers on Economic Activity*, 1998, (2).

110. Gereffi, G., Fonda, S., "Regional Paths of Development", *Annual Review of Sociology*, 1992, (18).

111. Glassman, J., "Economic Crisis in Asia: The Case of Thailand", *Economic Geography*, 2001, 77(2).

112. Haddad, L., "Review", *Europe-Asia Studies*, 1996, 48(4).

113. Hewison, K., "Nationalism, Populism, Dependency: Southeast Asia and Responses to the Asian Crisis", *Singapore Journal of Tropical Geography*, 2001, 22(3).

114. Holliday, I., "Productivist Welfare Capitalism: Social Policy in East Asia, *Political Studies*, 2000, (48).

115. Howell, J., "Reflection on the Chinese State", *Development and Change*, 2006, 37 (2).

116. Johnson, C., "Peasant Nationalism Revisted: The Biography of a Book", *China Quarterly*, December 1977.

117. Kang, D.C., "Bad Loans to Good Friends: Money Politics and the Developmental State in South Korea", *International Organization*, 2002, 56(1).

118. Khan, A.R., Riskin C., "Income and Inequality in China: Composition, Distribution and Growth of Household Income, 1988 to 1995", *The China Quarterly*, No. 154. (Jun., 1998).

119. Kim, B.M. "Contradictions and Limits of a Developmental State: With Illustrations from the South Korean Case", *Social Problems*, 1993, 40(2).

120. Kornai, J., "The Hungarian Reform Process: Visions, Hopes, and Reality", *Journal of Economic Literature*, 1986, (24).

121. Kuznets, P., "The Dramatic Reversal of 1979/1980: Contemporary Economic Development in Korea", *Journal of Northeast Asian Studies*, 1982, 1(3).

122. Kwon, H.J., "Advocacy Coalitions and the Politics of Welfare in Korea after the Economic Crisis", *Policy & Politics*, 2002, 31(1).

123. Kwon, H. J., "Welfare reform and future challenges in the Republic of Korea: Beyond the developmental welfare state?", *International Social Security Review*, 2002, 55(4).

124. Lau, K.Ch., "Economic representations and transformative politics: some examples from China and India", paper presented at Rockefeller Team Residency on Economic Representations Across Different Disciplines, Bellagio, Italy, Mar 2002, Refereed.

125. Lee, Ch.H., Naya S.J., "Trade in East Asian Development With Comparative Reference to Southeast Asian Experience", *Economic Development and Cultural Change*, 1988,

(38).

126. Lee, Ch. H., "The government, Financial System and Large Private Enterprises in the Economic Development of South Korea", *World Development*, 1992, (20).

127. Leftwich, A., "Bringing Politics Back in: Towards a Model of the Developmental State", *The Journal of Development Studies*, 1995, 31(3).

128. Lin, Ch., "Recasting Development in China", *Development*, 2007, 50(3).

129. Lu, X.B., "Booty Socialism, Bureau-Preneurs, and the State in Transition: Organizational Corruption in China", *Comparative Politics*, 2000, 32(3).

130. Makoto, A., Momoko, K., "Adistributive Comparison of Enterprise Size in Korea and Taiwan", *The Developing Economies*, 1997, 35(4).

131. Oi, J. C., "Fiscal Reform and the Economic Foundations of Local State Corporatism", World Politics, 1992, 45(Oct).

132. Oi, J.C., "The Role of the Local State in China's Transitional Economy", *The China Quarterly*, 1995, 144(December).

133. Onis, Z., Senses, F., "rethinking the emerging of PWC", *Development and Change*, 2005, 36(2).

134. Onis, Z., "The Logic of the Developmental State", *Comparative Politics*, 1991, 24 (1).

135. Pang, E.S., "The Financial Crisis of 1997–98 and the End of the Asian Developmental State", *Contemporary Southeast Asia*, 2000, 22(3).

136. Patrick, H., "The Future of the Japanese Economy: Output and Labour Productivity", *The Journal of Japanese Studies*, 1977, (3).

137. Pearson, M.M., "The Janus Face of Business Associations in China Socialist Corporatism in Foreign Enterprises", *The Australian Journal of Chinese Affairs*, 1994, Jan(31).

138. Perkins, D., "Completing China's Move to the Market", *The Journal of Economic Perspectives*, 1994, 8(2).

139. Reynolds, L., "The Spread of Industrialisation to the Third World: 1850–1980", *Journal of Economic Literature*, 1983, 21(3).

140. Riain, S.O., "Putting Developmental States in Their Time and Place", *International Studies Review*, 2000, 2(3).

141. Riain, S.O., "The Flexible Developmental State: Globalization, Information Technology, and the 'Celtic Tiger'", *Politics & Society*, 2000, 28(2).

142. Roett, R., Crandall, R., "The Global Economic Crisis, Contagion, and Institutions: New Realities in Latin America and Asia", *international politcal science Review*, 1999, 20(3).

143. Routley, V., "On Karl Marx as an Environmental Hero", *Environmental Ethics*, 1981, (3).

144. Schmitter, P. C., "Still the Century of Corporatism?", *Review of Politics*, 1974, 36 (1).

145. Schreiner, G., "Beyond corporatism-Towards Nes Forms of Public Policy Formulaiton in South Africa", *Transformation*, 1994, 23.

146. Sherry, G., "The Developmental State as (Non) Replicable Model", *Mershon International Studies Review*, 1997, 41(2).

147. Shin, C.S., Shaw, I., "Social Policy in South Korea: Cultural and Structural Factors in the Emergence of Welfare", *Social Policy & Administration*, 2003, August, 37(4).

148. Shin, K.Y., "The Economic Crisis and Social Welfare Reform in South Korea", prepared for the United Nations Research Institute for Social Development project on Social Policy in a Development Context, November, 2002, Geneva. Web version (http://www.unrisd.org).

149. Stiglitz, J.E., "Reforming the Global Economic Architecture: Lessons from Recent Crises", *The Journal of Finance*, 1999, 54(4).

150. Unger, J., Chan, A., "China, Corporatism, and the East Asian Model", *The Australian Journal of Chinese Affairs*, 1993, (29).

151. Wade, R., "The Asian Crisis and the Global Economy: Causes, Consequences, and Cure", in *New Left Review*, September-October, 1998.

152. Wade, R., Veneroso, F., "The Asian Crisis: the High Debt Model vs the Wall Street-Treasury-IMF Complex", *New Left Review*, March-April, 1998.

153. Wang, W.Ch., "Review", *The American Political Science Review*, 1999, 93(4).

154. Wang, Y.T., Lee, A., Lin, Y.J., "Effects of Multi-Employment Promotion Program and their Predictors: An Example of 2004 Muti-Employment Promotion Program", 台湾地区社会福利学会 2008 年年会暨"新世纪社会保障制度的建构与创新:跨时变迁与跨国比较"国际学术研讨会(网络版), http://swat.sw.ccu.edu.tw/index.php? option = com_jombib&Itemid = 230.

155. White, G., "Developmental States and Socialist Industrialisation in the Third World", *Journal of Development Studies*, 1984, 21(1).

156. Whiting, S.H., "The politics of NGO development in China," *Voluntas*, 1991, 2 (2).

157. Woo, M.S., "Explaining Early Welfare Policies in South Korea: Focusing on the Nexus between the State and the Business Sector", *Development and Society*, 2004, 33(2).

158. Woo, M. S., "Explaining Early Welfare Policies in South Korea: Focusing on the Nexus between the State and the Business Sector", *Development and Society*, 2004, 33(2).

159. Xue, M. Q., "A Study in the Planned Management of the Socialist Economy", *Beijing Review*, 1979, no.43(26 Oct.).

160. Yang, D.Y., "From command to guidance: China's turn to new industrial policies", *Journal of Asian Business*, 1995, 11(2).

161. Zhou, X.G., "Unorganized Interests and Collective Action in Communist China", *American Sociology Review*, 1993, 58(1), pp.56-57.

162. Zhu, J.M., "Local Developmental State and Order in China's Urban Development during Transition", *International Journal of Urban and Regional Research*, 2004, 28(2).

三、其他

1. 中国国家统计局:《中国统计年鉴—1999》,中国统计出版社 1999 年。

2. 中国国家统计局:《中国统计年鉴—2002》,中国统计出版社 2002 年。

3. 中国国家统计局:《中国统计年鉴—2004》,中国统计出版社 2004 年。

4. 中国国家统计局:《中国统计年鉴—2006》,中国统计出版社 2006 年。

5. 朱之鑫主编:《国际统计年鉴 2001》,中国统计出版社 2001 年。

6. 中国乡镇企业年鉴编辑委员会编:《中国乡镇企业年鉴 2005》,中国农业出版社 2005 年版。

7. *Japan Statistical Yearbook* 2008, 日本国家统计局网, http://www.stat.go.jp/english/data/nenkan/index.htm。

8. World Bank, *Russian Economic Report* (No. 15; No17), 世界银行网站, www.worldbank.org.ru。

责任编辑:曹　歌

图书在版编目(CIP)数据

发展型国家及其未来可能性研究/石德金 著. —北京:人民出版社,2023.9
ISBN 978－7－01－025303－9

Ⅰ.①发…　Ⅱ.①石…　Ⅲ.①发展中国家-经济发展-研究　Ⅳ.①F112.1

中国版本图书馆 CIP 数据核字(2022)第 226887 号

发展型国家及其未来可能性研究

FAZHANXING GUOJIA JIQI WEILAI KENENGXING YANJIU

石德金　著

人民出版社 出版发行
(100706　北京市东城区隆福寺街 99 号)

北京新华印刷有限公司印刷　新华书店经销

2023 年 9 月第 1 版　2023 年 9 月北京第 1 次印刷
开本:710 毫米×1000 毫米 1/16　印张:12.75
字数:220 千字

ISBN 978－7－01－025303－9　定价:88.00 元

邮购地址 100706　北京市东城区隆福寺街 99 号
人民东方图书销售中心　电话 (010)65250042　65289539